20 pièces à jouer

Sous la direction de
Christian Lamblin

7/13 ANS

RETZ

www.editions-retz.com

1, RUE DU DÉPART
75014 PARIS

Notes biographiques

Michel Coulareau

Auteur de cinquante saynètes humoristiques *Premiers rôles pour petits drôles*, est le type même de « l'instit-auteur ». Un repertoire original que ce Méridional bon teint a tout le loisir de tester *in vivo*, au sein de sa propre compagnie enfantine qu'il chaperonne avec passion, et ce, jusqu'au-delà des océans.

Florian Dierendonck

Maître-Formateur, fait un DEA en sciences de l'éducation autour du thème du théâtre à l'école. Il a monté récemment un spectacle de rue.

Benoît Fourchard

Comédien, metteur en scène, auteur de pièces de théâtre – dont une dizaine publiées par les éditions Retz – est responsable de la compagnie « Théâtre en Kit », à Nancy.

Vannina Laugier

Comédienne-marionnettiste, est professeur de théâtre depuis sept ans. Elle a travaillé avec des enfants en milieu hospitalier.

Claudio Ponté

Enseignant, passionné de théâtre, est l'auteur de *Antoine ou l'Éveil à la liberté*, paru aux éditions Le Théâtre de l'Anvie.

Yak Rivais

Auteur de littérature pour la jeunesse à l'École des loisirs, a publié des jeux littéraires et des pièces de théâtre aux éditions Retz.

Suzanne Rominger

Professeur de français en collège, publie des textes écrits en collaboration avec les enfants.

Jean-Paul Rousseau

Directeur d'école et maître-formateur, dirige des ateliers de théâtre. Il est l'auteur d'ouvrages parus aux éditions Retz.

Jacky Viallon

Auteur, comédien, directeur d'une compagnie théâtrale implantée dans les départements du Val-de-Marne et de la Seine-Saint-Denis, est publié chez Actes-Sud, Papiers, Avant-Scène-Théâtre, l'Entrée des Artistes, Lansman, La Vague à l'Ame. Diffusé sur France-Culture. Anime régulièrement des ateliers Théatre/Écriture avec la Maison du Geste et de l'Image de Paris, La CCAS (EDF/GDF), 94 Coups de Théâtre et la Maison des Écrivains.

Anne-Catherine Vivet

Professeur de français en collège, a déjà publié *La Grammaire au théâtre* aux éditions Retz.

Toute représentation publique doit être assujettie d'une demande de droits à la Société des auteurs et compositeurs dramatiques, 12 rue Ballu, 75009 Paris.

Introduction

Lorsqu'un éditeur publie des pièces de théâtre pour enfants, il recherche bien souvent des comédies. C'est en effet du rire que l'on attend d'enfants sur scène, de la joie, de la gaîté et du mouvement. Cependant, la vie n'est pas toujours rose et les enfants le savent bien (même si l'on tente plus ou moins adroitement de leur cacher quelques vérités gênantes). Le théâtre n'échappe pas à la règle. On y rit souvent, mais on peut aussi y pleurer – ou, du moins, s'y sentir ému, touché par un sentiment que l'on n'avait pas encore rencontré sous cette forme.

Aux rires et aux larmes, il fallait ajouter le rêve. Parce que c'est une autre façon d'aller voir ailleurs si le monde, par hasard, n'y serait pas meilleur.

C'est donc pour donner une image (presque) équilibrée de la vie et du théâtre qui la met en scène que cet ouvrage a été conçu. Il réunit vingt pièces : des comédies pour faire rire, des comédies dramatiques pour émouvoir et des fictions pour imaginer. Du CP au collège, tout le monde y trouvera un rôle !

Sommaire

Comédies

Comédies dramatiques

Fictions

Comédies

8 acteurs
20 minutes
CE-CM

Le Perroquet

par
Jean-Paul Rousseau

Présentation de la pièce

Sophie aimerait avoir un animal familier, mais elle ne sait pas lequel choisir. Après une discussion animée avec ses amis, elle décide d'acheter un perroquet.

Le volatile que Sophie vient d'acquérir a appartenu à un instituteur et il en a conservé certains réflexes. Le torchon brûle entre le savant oiseau et sa jeune maîtresse jusqu'au jour où, grâce aux connaissances de l'animal, Sophie remporte un concours particulièrement bien doté…

Liste des personnages

- Sophie — à partir du CM.
- Stéphanie — à partir du CE1.
- Florence — à partir du CE1.
- Lionel — à partir du CE1.
- Le Perroquet — à partir du CM.
- Le Marchand d'oiseaux — à partir du CE2.
- Michel, présentateur télé — à partir du CE2.
- Éric, présentateur télé — à partir du CE2.

Quatre rôles d'enfants : Sophie (rôle principal), Stéphanie, Florence, Lionel.

Un rôle d'animal : le perroquet (rôle principal).

Trois rôles d'adultes : le marchand, les deux présentateurs.

Tous ces rôles peuvent être tenus indifféremment par des garçons ou par des filles.

Décors

Scène 1 : dans la cour de récréation. On peut imaginer quelques arbres en carton peint autour desquels joueront des figurants.

Scène 2 : chez le marchand d'oiseaux. Un fond peint (aquarium, plantes, cages…) plus quelques cages en papier feront parfaitement l'affaire.

Scènes 3 à 7 : chez Sophie. On pourra suggérer une chambre d'enfant avec un lit et une table. Un fond peint (étagères, tableaux, dessins…) pourra donner une impression de profondeur à l'ensemble. Une porte devra permettre d'entrer ou de sortir de la pièce.

Costumes

Pas de costumes particuliers pour les enfants ni pour le marchand d'oiseaux.

Les présentateurs de télévision seront habillés « mode ». On pourra choisir la version « mode excentrique », proche de la caricature (vêtements très colorés, perruques…), ou « mode classique » (chemise blanche et cravate).

Le perroquet nécessite un travail plus important (avec, éventuellement, une recherche de documentation sur les perroquets !). On pourra créer un masque léger en carton peint (avec un grand bec) pour la tête. Le plumage pourra être bien rendu en découpant en forme de plume des feuilles de papier vert qui seront ensuite fixées (cousues ou agrafées) sur un vêtement assez ample (genre survêtement usagé).

Accessoires

– une fausse télévision réalisée à l'aide d'un grand carton découpé et peint. Elle pourra être posée sur un faux meuble en carton, ce qui permettra aux « présentateurs » d'être assis. Un rideau que l'on ouvrira au bon moment permettra « d'allumer » la télévision ;

– un téléphone (réel ou factice) ;

– un foulard (que Sophie nouera autour du bec du perroquet, scène 3).

Scène 1

Personnages : Stéphanie - Sophie - Lionel - Florence

(Dans la cour de récréation. Des enfants jouent. Sophie est isolée dans un coin et réfléchit. Une enfant, Stéphanie, la remarque et s'approche d'elle. Les enfants qui interviennent ensuite au cours de la scène quitteront leur jeux de la même façon pour se joindre à la conversation.)

STÉPHANIE

   Qu'est-ce qu'il y a, Sophie ? Ça ne va pas ?

SOPHIE

   Ça va très bien mais j'ai besoin de réfléchir.

STÉPHANIE

   Pourquoi ?

SOPHIE

J'ai envie d'un animal et je ne sais pas lequel choisir.

STÉPHANIE

Prends donc un chat! C'est mignon comme tout. Si tu le prends sur tes genoux et que tu le caresses, ça ronronne comme un petit moteur. La nuit ça se couche contre toi et ça te tient chaud, et puis… si tu savais comme c'est drôle quand ça joue avec sa queue ou avec son ombre! Allez, prends un chat, tu ne le regretteras pas.

SOPHIE

C'est vraiment une bonne idée. Je vais acheter un chaton et je l'appellerai Minouchon.

LIONEL

Tu ferais mieux de l'appeler Griffounet. Un chat, ma pauvre Sophie, ça donne plus de coups de griffes que de caresses et c'est plus souvent en train de courir dehors que de jouer avec toi! Achète plutôt un chien. C'est obéissant. Ça te défend si on t'attaque, et puis c'est si amusant quand ça te lèche les mains! Achète un chien. Tu verras comme ce sera bien.

SOPHIE

Tu as raison. Un chien, c'est mieux qu'un chat. Je vais acheter un chien et je l'appellerai Rocky.

FLORENCE

Tu ferais mieux de l'appeler Toufou. Un chien, ça court partout sans faire attention! Si tu prends un chien, il abîmera tes chaussons en les mordillant et il fera des trous dans ta moquette. Ne choisis pas un chien, achète plutôt un poisson rouge. Voilà un animal sympathique. Il ne fait pas de bruit, il s'amuse gentiment en tournant en rond dans son bocal. Prends un poisson rouge. Tu verras comme ce sera bien.

SOPHIE

Ça, c'est vraiment un bon conseil. Je vais m'acheter un poisson rouge et je l'appellerai Vermillon.

STÉPHANIE

Tu ferais mieux de l'appeler Gloup. Un poisson rouge, c'est bête. Ça ne sait rien faire d'autre que des ronds dans l'eau et ça te regarde avec des gros yeux ronds! Non, Sophie, n'écoute pas les autres, prends un chat!

LIONEL

Non, un chien !

FLORENCE

Non, un poisson rouge!

STÉPHANIE, *criant.*
UN CHAT !

LIONEL, *il crie plus fort.*
UN CHIEN!

FLORENCE, *elle crie encore plus fort.*
UN POISSON ROUGE!

SOPHIE, *elle crie plus fort que les trois autres.*
ASSEZ!!!

(Les trois autres se taisent.)

SOPHIE

Pour vous mettre d'accord, je ne vais acheter ni un chien, ni un chat, ni un poisson rouge.

LIONEL

Alors qu'est-ce que tu vas prendre?

SOPHIE

Un animal qui me fera penser à vous trois.

FLORENCE, STÉPHANIE ET LIONEL, *ensemble.*
Qu'est-ce que ce sera?

SOPHIE

Pas difficile… Un perroquet!…

(Noir et rideau.)

Scène 2

Personnages : Le marchand - Sophie
(Chez le marchand d'oiseaux.)

LE MARCHAND

Bonjour, Mademoiselle. Que voulez-vous ?

SOPHIE

Un perroquet.

LE MARCHAND

En voilà un qui est superbe. Il est jaune, rouge, bleu et vert. Il parle le français et le chinois et il coûte six mille francs.

SOPHIE

C'est trop cher, et puis je ne parle pas le chinois, vous n'en avez pas un autre ?

LE MARCHAND

En voilà un magnifique. Il est blanc, gris et orange. Il parle le français et le japonais et il coûte trois mille francs.

SOPHIE

Hmm, c'est encore trop cher, et puis je ne parle pas le japonais. Vous n'en avez pas un autre ?

LE MARCHAND

En voilà un qui est splendide. Il est mauve et orange. Il parle le français et le russe et il coûte mille francs.

SOPHIE

C'est encore un peu cher et puis je ne parle pas le russe. Vous n'en avez pas un autre ?

LE MARCHAND

En voilà un qui est merveilleux. Il est violet. Il parle le français et l'anglais et il coûte cinq cents francs.

SOPHIE

C'est bien, mais c'est toujours trop cher et puis je ne parle pas l'anglais. Vous n'en avez pas un autre ?

LE MARCHAND
Il y a bien celui-là. Il coûte deux cents francs, mais…

SOPHIE, *elle ne le laisse pas finir.*
C'est celui-là qu'il me faut.

LE MARCHAND
Vous êtes certaine, car vous savez…

SOPHIE, *elle l'arrête.*
Je vous dis que c'est celui-là que je veux. Il parle le français?

LE MARCHAND
Oui, mais…

SOPHIE
Pas de mais! Voilà deux cents francs. Prenez-les et donnez-moi cet oiseau.

LE MARCHAND
Puisque vous y tenez.

—————————— Scène 3 ——————————

Personnages : Sophie - Le Perroquet

(La chambre de Sophie. Sophie arrive chez elle. Elle s'adresse au perroquet.)

SOPHIE
Ouah! C'est crevant!

LE PERROQUET, *pendant toute cette scène, il prendra un ton de puriste précieux.*
Oh! C'est épuisant!

SOPHIE, *elle ne réalise pas tout à fait ce qui se passe mais l'inquiétude perce dans sa voix.*
C'est pas pareil?

LE PERROQUET
Ce n'est pas la même chose?

SOPHIE
Pourquoi ?

LE PERROQUET
Parce que !

SOPHIE
Dis-donc, toi ! T'as pas autre chose à dire, je t'ai pas acheté pour que tu me fasses la leçon.

LE PERROQUET
Dites-donc, vous ! Vous n'avez pas autre chose à dire, je ne vous ai pas acheté pour que vous me fassiez la leçon.

SOPHIE
Quoi ?

LE PERROQUET
Comment ?

SOPHIE
Non, mais ! Pour qui tu t'prends ?

LE PERROQUET
Non, mais ! Pour qui vous prenez-vous ?

SOPHIE
C'est dingue !

LE PERROQUET
C'est fou !

SOPHIE
Ferme-la !

LE PERROQUET
Taisez-vous !

SOPHIE
Stop ! J'en ai marre ! Espèce de... *(Elle cherche ses mots.)*... pauvre perruche !

LE PERROQUET

Arrêtez ! J'en ai assez ! Espèce de… *(Il imite Sophie, mais nasille.)*… pitoyable perroquet !

SOPHIE

Ça peut plus durer !

LE PERROQUET, *il insiste sur la négation.*

Ça *ne* peut plus durer !

SOPHIE, *elle va parler, mais elle se ravise et sort. Quelques instants après, elle entre avec un foulard qu'elle noue autour du bec du perroquet.*

Voilà, maintenant j'suis tranquille !

LE PERROQUET

Hmm… hmm…

SOPHIE

Bon. J'vais mettre la télé, ça m'changera un peu de… *(Elle imite le perroquet.)* de ce pitoyable volatile.

LE PERROQUET

Hmm… hmm…

SOPHIE

Et ne grogne pas, ou je te ramène chez le marchand !

Scène 4

Personnages : Sophie - Présentateur 1 - Présentateur 2

Sophie va allumer la télé (poste fictif, le présentateur est un acteur).

PRÉSENTATEUR 1, *animateur télé.*

… c'est maintenant l'heure de notre jeu « Savantissime ». Vous connaissez la règle. J'appelle un ou une téléspectatrice choisi au hasard parmi ceux qui nous ont expédié une carte postale avec leur nom et leur numéro de téléphone. S'il répond à toutes les questions sur le thème du jour, il gagne notre « super jackpot ». *(Se tournant vers un autre animateur.)* Et que contient le « super jackpot » aujourd'hui, Michel ?

PRÉSENTATEUR 2
Un VTT, une chaîne-hifi et…

PRÉSENTATEURS 1 ET 2, *ensemble.*
Le cadeau surprise!!!

PRÉSENTATEUR 1
Oui, Michel! Un superbe cadeau que notre candidate ou notre candidat peut emporter s'il répond à la dernière question!

PRÉSENTATEUR 2
Car s'il ne répond pas…

PRÉSENTATEUR 1
Il perd tout.

PRÉSENTATEUR 2
Mon cher Éric, voici le nom de notre candidate d'aujourd'hui. Il s'agit de mademoiselle Sophie Meunier qui habite… *(donner le nom de la ville et du département où l'on joue la pièce).* Notre standard est en train de l'appeler.

SOPHIE, *folle de joie.*
Mais… c'est moi!

Scène 5

Personnages : Sophie - Présentateur 1 - Présentateur 2 - Le Perroquet
Le téléphone sonne. Sophie se précipite pour prendre le combiné (on peut utiliser un portable).

PRÉSENTATEUR 1
Mademoiselle Sophie Meunier?

SOPHIE
C'est moi. Bonjour Éric! Bonjour Michel!

PRÉSENTATEUR 2
Bonjour Sophie. Alors, prête pour le «Savantissime» d'aujourd'hui?

SOPHIE
Prête.

PRÉSENTATEUR 1
Aujourd'hui, notre questionnaire porte sur…

PRÉSENTATEUR 2
La langue française.

PRÉSENTATEUR 1
Première question…

PRÉSENTATEUR 2
Pour le VTT…

PRÉSENTATEUR 1
Oui… Sophie… pour le VTT : quelle phrase est correcte ? « Faisez ce que vous disez » ou « Faites ce que vous dites » ?

SOPHIE, *pendant cette réplique de Sophie et les deux suivantes, le perroquet s'agite et il grommelle « hm hm… » comme plus haut.*
Euh…

PRÉSENTATEUR 2
Plus que trente secondes…

SOPHIE
Ben…

PRÉSENTATEUR 1
Vingt secondes…

SOPHIE
Euh…

PRÉSENTATEUR 2
Dix, neuf, huit… cinq, quatre, trois…

LE PERROQUET, *se débarrassant de son bâillon, il imite Sophie et prend un ton un peu nasillard.*
Faites ce que vous dites !

PRÉSENTATEUR 1

Bravo, Sophie! C'est cela, mais ne soyez pas si émue!

PRÉSENTATEUR 2

Tu as déjà un splendide VTT. Attention… pour la chaîne-hifi…

PRÉSENTATEUR 1

Pour la chaîne-hifi… Pouvez-vous corriger cette phrase : « J'ai vu les livres que tu as besoin » ?

(Sophie, muette, se tourne vers le perroquet.)

LE PERROQUET

J'ai vu les livres dont tu as besoin!

PRÉSENTATEUR 2

Très fort!

PRÉSENTATEUR 1

Sensationnel! Maintenant, nous allons passer à la question surprise mais auparavant une pause de publicité. Vous pouvez raccrocher votre téléphone. Nous vous rappellerons dans cinq minutes.

(Sophie regarde le perroquet avec admiration. On sonne. Elle va ouvrir : c'est le marchand d'oiseaux.)

Scène 6

Personnages : Le Marchand - Sophie

LE MARCHAND, *affolé.*

Ah, Mademoiselle! Comme je suis content de vous trouver là!

SOPHIE

Que se passe-t-il?

LE MARCHAND

Tout à l'heure, vous étiez tellement pressée que je vous ai laissée partir et que, maintenant, je regrette.

SOPHIE

Quoi ?

LE MARCHAND

De vous avoir vendu un perroquet muet.

SOPHIE

Muet ?

LE MARCHAND

Oui. Cet oiseau appartenait à un vieil instituteur en retraite qui s'ennuyait parce qu'il ne pouvait plus faire la classe.

SOPHIE

Et alors ?

LE MARCHAND

Il a acheté ce perroquet et il a voulu lui apprendre toutes les règles de la grammaire française.

SOPHIE

Pauvre bête !

LE MARCHAND

Comme vous dites ! Il a tellement ennuyé le malheureux animal en lui serinant dix fois par jour « Les verbes s'accordent avec les sujets » ou « L'infinitif est invariable » que le perroquet en a eu assez et qu'il est devenu muet. Il y a dix ans qu'il n'a pas dit un mot.

SOPHIE

Pas possible !

LE MARCHAND

C'est la triste vérité. Mais je veux me faire pardonner. Je vais reprendre cet oiseau et, à la place, je vais vous en donner un autre. C'est un mainate qui chante *Au Clair de la lune* et qui sait compter jusqu'à dix.

SOPHIE

Mais… Je n'sais pas…

Le Marchand

J'insiste. Attendez une minute, le temps d'aller à ma voiture et l'échange sera bientôt fait.

(Il sort. Le téléphone sonne, la télévision se rallume.)

Scène 7

Personnages : Sophie - Présentateur 1 - Présentateur 2 - Le Marchand - Le Perroquet

Sophie

Allô ?

Présentateur 1

Ici, Éric…

Présentateur 2

… et Michel !

Présentateur 1

Prête pour la question surprise ?

Sophie

Oui.

Présentateur 2

Surtout, donne la bonne réponse, sinon…

Présentateur 1

Tu perds tout.

Sophie, *elle regarde avec inquiétude la porte laissée ouverte.*

Allez-y.

Présentateur 2

Oui. Sophie, je comprends ton impatience. Nous allons poser la question surprise. Une question surprise qui rapporte quoi, mon cher Éric ?

PRÉSENTATEUR 1

Eh bien, c'est tout bonnement fabuleux! Sophie, si tu réponds bien, tu auras gagné… UN SUPERBE VOYAGE AU BRÉSIL!

PRÉSENTATEUR 2

Au Brésil!

SOPHIE, *elle est de plus en plus fébrile et regarde vers la porte.*

D'accord, dépêchez-vous!

PRÉSENTATEUR 1

Notre candidate est émue, Michel, et cela se comprend.

PRÉSENTATEUR 2

Oui Éric, cela se comprend. Aussi, nous allons poser la question surprise.

PRÉSENTATEUR 1

Celle qui peut permettre à Sophie de partir au Brésil!…

SOPHIE, *trépignant d'impatience.*

Je suis prête!

PRÉSENTATEUR 1

Tant mieux! Écoutez avec attention…

PRÉSENTATEUR 2

Cette question très difficile…

LE MARCHAND, *voix « off ».*

Ne vous impatientez pas, j'arrive.

PRÉSENTATEUR 2

Tous les adjectifs terminés par « ot », *o…, t…,* ont un féminin en « ote », *o…, t…, e…,* sauf…

PRÉSENTATEUR 1

Sauf…

(Sophie se tourne vers le perroquet qui reste muet.)

PRÉSENTATEUR 2

Je répète : tous les adjectifs terminés par « ot » *o, t,* ont un féminin en « ote », sauf…

PRÉSENTATEUR 1
Sauf…

(Mimique de Sophie suppliant le perroquet.)

LE MARCHAND, *toujours « off », mais il se rapproche.*
Me voilà!

PRÉSENTATEUR 1
Sauf…

(Le marchand entre dans la pièce. Il tourne le dos au perroquet.)

LE PERROQUET
Pâlot, vieillot, sot!

LE MARCHAND
De quoi, pâlot, vieillot, sot! Je voulais être gentil et on se moque de moi?

PRÉSENTATEUR 1
Bravo!

PRÉSENTATEUR 2
Sot…, vieillot…, pâlot… C'est tout à fait ça!

LE MARCHAND
Même la télé! Puisque c'est comme ça, je m'en vais! *(À Sophie.)* Tant pis pour vous, je garde mon mainate! *(Il sort en claquant la porte.)*

PRÉSENTATEUR 1
Sophie, vous avez brillamment réussi! Quand comptez-vous partir au Brésil?

SOPHIE
Euh…

LE PERROQUET
Le plus tôt possible.

PRÉSENTATEUR 2

Elle est formidable. Grâce à cette réponse, vous allez pouvoir prendre l'avion dans deux heures. Préparez vos valises. Une voiture vient vous chercher pour vous conduire à l'aéroport.

(La télévision s'éteint.)

SOPHIE, *elle saute de joie.*

Chouette! Chouette! Chouette!

LE PERROQUET

Ah... non! *(Sophie s'arrête et le regarde interloquée. Il dit alors en détachant bien les mots.)* Perroquet! Perroquet! Perroquet!

Des papiers en règle

par
Yak Rivais

Présentation de la pièce

Une brave guichetière de l'adminis-tration est confrontée à quelques per-sonnages qui n'ont qu'une percep-tion très approximative de la loi…

Remarque

Il faut, pour apprécier cette pièce, savoir ce qu'est une carte d'identité, un timbre fiscal, une assurance-vie… C'est pourquoi ce texte s'adresse plus particulièrement aux élèves de CM.

Liste des personnages

◆ La Guichetière
◆ Ballot
◆ Premier Frère
◆ Deuxième Frère
◆ Gérard Manvussa

Cinq rôles d'adultes : La guichetière (rôle principal), Gérard Manvussa, et Ballot et ses frères.

Tous ces rôles peuvent être tenus par des garçons ou par des filles (mais ils conviendront mieux aux garçons).

Décors

La scène se déroule entièrement dans un local administratif que l'on pourra marquer par différents objets (por-trait du président, Marianne en plâtre…).

Le guichet est l'élément principal du décor. Il pourra être :
– réalisé en carton peint et isolé au centre de la scène ;
– faire partie d'un fond en papier peint représentant une multitude de gui-chets (tous les autres guichets étant bien entendu indiqués « fermés »).
(On peut se contenter d'une table.)

Costumes

Pas de costume particulier pour la guichetière.

Les trois frères Ballot pourront être vêtus de jeans larges, de baskets et de casquettes (costumes pouvant varier suivant l'endroit où la pièce est jouée !).

Gérard Manvussa pourra être vêtu d'un costume et d'une cravate.

Accessoires

– une enveloppe timbrée usagée ;
– une photographie (portrait) ;
– un lot de feuilles griffonnées que la guichetière pourra déchirer.

BALLOT

On voudrait une carte d'identité pour nous trois, mes copains et moi.

LA GUICHETIÈRE

Vous voulez dire une carte chacun. Comment vous appelez-vous ?

BALLOT

On voudrait une carte pour nous trois.

LA GUICHETIÈRE

Une seule carte pour trois. C'est illégal.

BALLOT

Ce serait pour aller travailler au même chantier à tour de rôle.

LA GUICHETIÈRE

N'insistez pas.

BALLOT

Alors, faisez-en une pour un, et nous, on changera la photo dessus à chaque fois.

LE PREMIER FRÈRE

Mais ça ne sera pas si pratique.

LE DEUXIÈME FRÈRE

Et ça abîmera les photos de les coller et de les décoller tous les jours.

BALLOT

Surtout s'il faut remettre un tampon dessus à chaque fois.

LE PREMIER FRÈRE

Ce serait plus pratique avec un modèle adapté.

LE DEUXIÈME FRÈRE

En plastique, et comme qui dirait amovible.

LA GUICHETIÈRE, *agacée.*

N'insistez pas. La loi, c'est la loi. Chaque citoyen a sa carte. Il est interdit de la prêter.

BALLOT

C'est qu'on n'a pas beaucoup d'argent.

LA GUICHETIÈRE

La carte est gratuite…

BALLOT, LE PREMIER FRÈRE, LE DEUXIÈME FRÈRE, *ensemble.*

Ça change tout, faites-nous en une douzaine!

LA GUICHETIÈRE, *achevant sa phrase.*

… sauf le timbre. *(Et, comme l'un des trois sort une enveloppe timbrée de sa poche et commence à décoller le timbre.)* Non! Pas un timbre de la Poste! Et encore moins ce timbre usagé!

BALLOT

Il est bon! Je m'en suis déjà servi plus de dix fois!

LA GUICHETIÈRE

C'est illégal aussi.

PREMIER FRÈRE

Combien coûte un timbre pour une carte d'identité?

LA GUICHETIÈRE

Deux cents francs.

BALLOT, PREMIER FRÈRE, DEUXIÈME FRÈRE, *ensemble.*

Deux cents francs! On ne peut pas se payer ça!

LA GUICHETIÈRE

Si vous refusez de payer le timbre, restez dans l'illégalité. Mais ne comptez pas sur moi pour faire un faux. Au suivant. Monsieur?

(Gérard Manvussa est entré, il attend derrière les trois.)

BALLOT

Attendez! On veut bien payer un timbre! On veut une carte d'identité.

PREMIER FRÈRE

On se débrouillera avec une seule.

DEUXIÈME FRÈRE
> On fera des photocopies.

LA GUICHETIÈRE
> C'est illégal. Au nom de qui dois-je préparer la carte ? Vous, comment vous appelez-vous ?

BALLOT
> Moi ? Ballot. Hector Ballot.

LA GUICHETIÈRE
> Vous avez de la famille ?

BALLOT
> Non.

LA GUICHETIÈRE, *écrivant.*
> Hector Ballot. Sans famille.

BALLOT
> Il vaudrait mieux faire la carte au nom de mes copains vu que ce sont deux frères, non ?

LA GUICHETIÈRE, *agacée.*
> Comment s'appellent-ils ?

BALLOT
> Le petit, on le surnomme Haute-Normandie et le grand Basse-Normandie.

LA GUICHETIÈRE
> C'est idiot.

BALLOT
> Le petit est né en Haute-Normandie et le grand en Basse-Normandie.

LA GUICHETIÈRE, *soupirant.*
> Quelle idée ! *(Elle écrit.)*

BALLOT

Pardonnez-moi, Madame. Vous vous êtes trompée. Vous avez écrit «Basse-Normandie né en Haute-Normandie». C'est inexact.

LA GUICHETIÈRE, *déchirant la feuille.*

Vous me faites perdre mon temps. Nous disons donc…

BALLOT, *après un temps.*

Ce n'est pas ça non plus.

LA GUICHETIÈRE

Quoi encore?

BALLOT

Vous avez écrit «Haute-Normandie né en Basse-Normandie». Ce n'est pas exact non plus.

LA GUICHETIÈRE, *énervée.*

Qu'est-ce que vous voulez que j'écrive?

BALLOT

Vous n'avez qu'à laisser le document en blanc, on le remplira.

LA GUICHETIÈRE, *criant.*

C'est illégal! Donnez-moi votre photographie! C'est vous, ça?

BALLOT

C'est Gontran, un copain à nous. Il a déjà sa carte. Il nous a prêté sa photo.

LA GUICHETIÈRE, *déchirant tout.*

Sortez! Au suivant! Sortez!

BALLOT

Mais, Madame…

LA GUICHETIÈRE, *au bord de la crise de nerfs.*

Sortez vous dis-je! Au suivant! Je n'en peux plus! Monsieur?

(Les trois se replacent derrière Gérard Manvussa qui attendait.)

GÉRARD MANVUSSA

Monsieur Manvussa. Heu… Gérard Manvussa.

LA GUICHETIÈRE
> Moi non plus !

GÉRARD MANVUSSA
> Non. Gérard Manvussa, avec deux *s*. C'est mon nom.

LA GUICHETIÈRE
> Qu'est-ce que vous voulez ?

GÉRARD MANVUSSA
> Je voudrais un certificat de décès pour dire que je suis mort et pour que ma femme touche la prime.

LA GUICHETIÈRE
> Mais vous êtes vivant !

GÉRARD MANVUSSA
> Forcément ! Sinon je ne pourrais pas profiter de la prime !

LA GUICHETIÈRE
> C'est illégal ! Illégal !

GÉRARD MANVUSSA
> Je veux bien payer le timbre. *(Il prend les trois autres à témoin.)*

LA GUICHETIÈRE, *crise de nerfs.*
> Mais vous me demandez d'établir un faux ! Vous vous rendez compte ! Un faux !

GÉRARD MANVUSSA
> Oui, mais officiel.

LA GUICHETIÈRE, *crise de nerfs.*
> Je ne fais pas de faux, Monsieur ! Voyez un faussaire !

GÉRARD MANVUSSA
> Quel guichet ?

LA GUICHETIÈRE, *s'effondrant.*
> Au suivant ! Au suivant ! Germaiiiiine ! Venez à mon aiiiide ! Germaiiiiine !

> *(Gérard Manvussa prend les trois autres à témoin de sa bonne volonté.)*

RIDEAU

Offre d'emploi

par
Yak Rivais

Présentation de la pièce

Une candidate à un emploi est prête à tout pour satisfaire aux conditions d'embauche…

Liste des personnages

- L'Employé
- La Candidate

Deux rôles d'adultes : l'employé et la candidate.

Le rôle de l'employé pourra être tenu par un garçon ou par une fille. Le rôle de la candidate sera obligatoirement tenu par une fille.

Décors

La scène se déroule entièrement dans un local de l'ANPE que l'on pourra marquer par différents affichages plus ou moins fantaisistes (petites annonces illisibles pour le public, grandes affiches humoristiques, vantant les charmes de l'armée par exemple).

L'employé pourra être installé à un bureau. On prévoira, sur la scène, un endroit dans lequel la candidate pourra se changer sans être vue de l'employé tout en étant visible par le public.

Costumes

Pas de costume particulier pour l'employé.

La candidate portera une jupe sous laquelle elle aura enfilé un pantalon (qu'elle aura retroussé jusqu'aux genoux en début de pièce).

Accessoires

– quelques accessoires de bureau pour l'employé ;
– un journal sur lequel on aura entouré une annonce en rouge ;
– une fausse barbe ;
– une fausse moustache ;
– une casquette.

LA CANDIDATE

Bonjour Monsieur. Je viens pour l'offre d'emploi du journal.

L'EMPLOYÉ

Montrez? Ah oui. «Cherche homme de sexe masculin bilingue pour jardiner.» Bon. Vous ne convenez pas.

LA CANDIDATE

Pourquoi pas?

L'EMPLOYÉ

«Cherche homme de sexe masculin.» Vous seriez plutôt de sexe féminin, non?

LA CANDIDATE

Et alors? Vous avez quelque chose contre les femmes de sexe féminin?

L'EMPLOYÉ

Non. Mais l'annonce précise : «homme de sexe masculin». Si encore c'était « homme de sexe féminin », je ne dis pas. Mais c'est « homme de sexe masculin ». Vous auriez dû lire plus attentivement.

LA CANDIDATE

Quand on cherche un travail, on ne s'occupe pas de savoir si on est un homme ou une femme.

L'EMPLOYÉ

Désolé.

(Elle s'éloigne, reste au bord de la scène, « hors vue » de l'employé; elle s'affuble d'une fausse barbe pendant que l'employé parle tout seul.)

L'EMPLOYÉ

Il y en a, je vous jure! Une ligne! Ils ne la lisent même pas! Si ça se trouve, elle ne savait même pas lire! Lamentable!

LA CANDIDATE, *barbue.*

Bonjour Monsieur.

L'EMPLOYÉ

Bonjour Monsieur.

LA CANDIDATE, *barbue.*
> Je viens pour l'offre d'emploi.

L'EMPLOYÉ
> Laquelle?

LA CANDIDATE, *barbue.*
> Celle de tout à l'heure… heu… - je veux dire, celle sur le journal que vous avez gardé… heu… - je veux dire, montrez-moi le journal. Merci. Là. L'annonce.

L'EMPLOYÉ
> Ah! oui. «Cherche homme de sexe masculin bilingue pour jardiner.» Bon. Je vois que vous avez de la barbe. Vous êtes donc un homme de sexe masculin.

LA CANDIDATE
> En effet.

L'EMPLOYÉ
> Vous portez des jupes et des talons hauts?

LA CANDIDATE
> Heu… C'est la jupe de ma femme. Heu… Mon pantalon était au lavage.

L'EMPLOYÉ
> Et vous êtes bilingue?

LA CANDIDATE
> Bilingue? Non. Français.

L'EMPLOYÉ
> Français, certes, mais bilingue?

LA CANDIDATE
> Je n'ai pas demandé. Il faudra que je me renseigne.

L'EMPLOYÉ
> Monsieur, quand on est bilingue, on le sait. On n'a pas besoin de le demander aux autres.

La Candidate
> Alors pourquoi me le demandez-vous ?

L'Employé
> Parce que j'ignore si vous l'êtes.

La Candidate
> Vous, vous l'êtes ?

L'Employé
> Pas du tout. Mais pour moi, ça n'a aucune importance, alors que pour jardiner chez un couple anglais…

La Candidate
> S'il faut être bilingue, moi, je veux bien.

L'Employé
> Quelles langues parlez-vous ?

La Candidate
> Le français. J'essaie.

L'Employé
> L'autre langue ?

La Candidate
> Je n'en ai qu'une. *(Elle la tire.)*

L'Employé
> Pas d'autre langue ?

La Candidate
> Et pourtant, je n'ai pas ma langue dans ma poche.

L'Employé
> Désolé. Vous ne faites pas l'affaire.

La Candidate
> Pourquoi pas ? Je suis un homme de sexe masculin !

L'Employé
> Mais vous ne parlez pas anglais !

LA CANDIDATE

Ah… C'est ça, être bilingue ?

L'EMPLOYÉ

Au revoir Monsieur.

(Elle s'éloigne. Retour dans son coin, devant la scène. Elle ajoute une paire de moustaches, se coiffe d'une casquette, ôte sa jupe et rabaisse le pantalon qu'elle portait dessous. Pendant ce temps, l'employé bougonne.)

L'EMPLOYÉ

Incroyable ! Un homme en jupe ! Et même pas bilingue ! On aura tout vu ! Il aurait au moins pu lire l'annonce ! Quelle andouille !

LA CANDIDATE

Bonjour Monsieur.

L'EMPLOYÉ

Bonjour Monsieur. Que puis-je faire pour vous ?

LA CANDIDATE

Je suis venu pour l'annonce.

L'EMPLOYÉ

Quelle annonce ?

LA CANDIDATE

Celle de tout à l'heure… heu… - je veux dire celle du journal que j'avais apporté… heu… - passez-moi le journal, là, sur votre tablette. Merci. Là, vous voyez, l'annonce encadrée ?

L'EMPLOYÉ

« Cherche homme de sexe masculin bilingue pour jardiner. » Je la connais par cœur. Elle vous intéresse ?

LA CANDIDATE

Et comment !

L'EMPLOYÉ

Vous êtes homme de sexe masculin ? *(Elle pivote.)* En effet. Mais êtes-vous bilingue ? Tout à l'heure, une espèce d'hurluberlu en jupons qui ne savait parler que le français m'a déjà fait

34

perdre dix minutes! J'espère que vous ne me dérangez pas pour rien? Alors je vous le demande : êtes-vous bilingue?

LA CANDIDATE
Oui!

L'EMPLOYÉ
À la bonne heure! Quelle langue parlez-vous, à part le français?

LA CANDIDATE
L'anglais, ça va de soi!

L'EMPLOYÉ
Excellent. Vous parlez anglais?

LA CANDIDATE, *très vite.*
Hamburger–night-club–chewing-gum–fast-food?

L'EMPLOYÉ
Pardon?

LA CANDIDATE
I love you–baby-foot–show-bizz–racket–Buckingham Palace?

L'EMPLOYÉ
Vous parlez drôlement bien anglais.

LA CANDIDATE
Je parlerais même chinois si besoin était!

L'EMPLOYÉ
Mais, dans ce cas, vous ne conviendriez plus. Vous seriez tri-lingue; ce n'est pas ce qu'on demande. Vous parlez chinois?

LA CANDIDATE
Heu… Pas du tout! Pas un traître mot!

L'EMPLOYÉ
C'est sûr?

LA CANDIDATE
Je vous le jure! Est-ce que j'ai l'emploi?

L'Employé

Présentez-vous demain chez monsieur et madame Smith. Et n'oubliez pas vos outils !

La Candidate

Heu… Les outils ?

L'Employé

Vos outils de jardinage.

La Candidate

Ah oui ! Merci ! Oui ! Suis-je bête ! J'apporte ma binette ! L'arrosoir ! La pelle ! *(Elle sort peu à peu.)* La pioche ! Le râteau !… Enfin tout, quoi…
(Elle revient.)

La Candidate

Heu… Ils fournissent les fleurs ?

(Elle sort. L'employé reste les bras au ciel, à regarder le plafond.)

R I D E A U

Le Train de Villefranche

par
Michel Coulareau

Présentation de la pièce

La scène se déroule sur le quai d'une gare. Une aimable voyageuse cherche à se renseigner sur l'horaire d'un train. Le chef de gare ne va pas lui simplifier la tâche…

Remarque

Les répliques sont simples et courtes, mais nombreuses (environ quarante pour chaque rôle).

Liste des personnages

- La Voyageuse
- Le Chef de gare

Deux rôles d'adultes : la voyageuse et le chef de gare.

Le rôle de la voyageuse peut être aussi tenu par un garçon ; celui du chef de gare sera de préférence tenu par un garçon.

On pourra ajouter un nombre variable de figurants chargés de bagages qui se contenteront de passer sur la scène.

Décors

La scène se déroule sur un quai de gare. Un décor peint pourra donc représenter des trains proches ou lointains, des voyageurs…

Costumes

Pas de costume particulier pour la voyageuse.
Le chef de gare sera vêtu d'un costume sombre (sur lequel on pourra épingler des galons ou des insignes divers), d'une casquette ou d'un képi.

Accessoires

– une valise ou un gros sac pour la voyageuse ;
– un drapeau rouge enroulé, un petit livre (genre dictionnaire ou guide à couverture souple) censé donner les destinations et les horaires de trains, un sifflet autour du cou pour le chef de gare.

LA VOYAGEUSE, *à elle-même.*

Allons, bon!... Il n'y a donc pas de tableau d'affichage, ici?... C'est bien ma veine!... *(Le chef de gare apparaît.)* Tiens!... Voilà qui tombe à pic!... Pardon Monsieur...

LE CHEF DE GARE

Oui, Madame... Un renseignement, peut-être?...

LA VOYAGEUSE

Oui, Monsieur. S'il vous plaît, pourriez-vous m'indiquer à quelle heure part le train de Villefranche?

LE CHEF DE GARE

Avec plaisir, Madame...

LA VOYAGEUSE

Vous êtes bien aimable...

LE CHEF DE GARE

Vous avez dit « le train de...? » De...?

LA VOYAGEUSE

« De Villefranche », s'il vous plaît...

LE CHEF DE GARE

J'avais bien entendu... Alors... Villefranche... Villefranche-quoi, Madame?...

LA VOYAGEUSE

Quoi « Villefranche-quoi »?...

LE CHEF DE GARE

Eh ben, de quel « Villefranche » s'agit-il?

LA VOYAGEUSE

Ben, de Villefranche-de-Rouergue, pardi!

LE CHEF DE GARE

Ce n'est pas évident, vous savez...

LA VOYAGEUSE, *intriguée.*

Ah! bon?... Pourquoi?...

LE CHEF DE GARE

Parce qu'en France, des « Villefranche », il y en a un sacré paquet!... C'est moi qui vous le dis!...

LA VOYAGEUSE, *s'impatientant.*

Oui, je sais, je sais...

LE CHEF DE GARE

Au moins quinze, alors!... Tenez! Par exemple... *(Il commence à compter sur ses doigts.)* Vous avez : Villefranche-de-Lauragais, Villefranche-sur-mer, Villefranche-du-Périgord, Villefran...

LA VOYAGEUSE

Oui, je sais! C'est à Villefranche-de-Rouergue que je veux aller...

LE CHEF DE GARE

Notez qu'il y a pire! Les « Villeneuve », par exemple... Il y en a presque quatre-vingts!...

LA VOYAGEUSE

Soit!... Mais, s'il vous plaît, Villefranche-de-Rouergue?...

LE CHEF DE GARE

Un instant... Entre nous, vous avez bien raison d'aller à Villefranche-de-Rouergue...

LA VOYAGEUSE

Pourquoi?...

LE CHEF DE GARE

Parce que des bons restaurants, il y en a un sacré paquet!... C'est moi qui vous le dis!

LA VOYAGEUSE

Alors ça, ça m'est bien égal!... Dites-moi plutôt à quelle heure part le train de Villefranche...

LE CHEF DE GARE

Un instant, s'il vous plaît!... *(Il sort un calepin de sa poche et le consulte.)* Nous disions donc « Villefranche »?...

LA VOYAGEUSE, *de plus en plus impatiente.*
> Oui, « Villefranche » !

LE CHEF DE GARE
> « de-Rouergue », n'est-ce pas ?…

LA VOYAGEUSE
> Oui !!! « de-Rouergue » !!!… *(Elle secoue la tête, en soupirant.)* Quelle couche, ce bonhomme !…

LE CHEF DE GARE
> Alors… A, B, C, D,… M… T, U, V… Voilà : V !… Alors… V, V, V… Valence, Vesoul, Vienne…

LA VOYAGEUSE
> Eh ! Ben !… À ce rythme-là, on n'est pas encore à Villefranche…

LE CHEF DE GARE
> Écoutez !… Moi, je fais ce que je peux… Alors, en plus, si vous m'interrompez !…

LA VOYAGEUSE
> Ah ! Ça, c'est la meilleure !…

LE CHEF DE GARE
> Vierzon, et… Villefranche !… Nous y voilà !…

LA VOYAGEUSE
> À la bonne heure !

LE CHEF DE GARE
> Alors… Villefranche-d'Albigeois, Villefranche-de-Lauragais, Villefranche-sur-Mer…

LA VOYAGEUSE, *au comble de l'impatience.*
> Non, mais ce n'est pas possible !…

LE CHEF DE GARE
> Ah ! Ça !… Je vous avais prévenu : des « Villefranche », il y en a un sacré paquet !… C'est moi qui vous le dis !

LA VOYAGEUSE

Bon! Alors?... Ça vient, oui!?

LE CHEF DE GARE

Ça vient, ça vient... *(Triomphant.)* Et Villefranche-de-Rouergue!... Vous n'avez pas changé d'avis, au moins?

LA VOYAGEUSE, *à part.*

Je sens que je vais bientôt assassiner un chef de gare...

LE CHEF DE GARE

Vraiment, vous n'avez pas de chance : c'est presque le dernier de la liste.

LA VOYAGEUSE

Oui, bon!... Et après?...

LE CHEF DE GARE

Et après, il ne reste plus que Villefranche-du-Périgord et Villefranche-sur-Saône, alors...

LA VOYAGEUSE

Mais je me fiche de Villefranche-sur-Saône!

LE CHEF DE GARE

C'est une bien belle ville, c'est moi qui vous le dis...

LA VOYAGEUSE

Je n'en doute pas, Monsieur!

LE CHEF DE GARE

Allons, bon!... Pour Villefranche-de-Rouergue, il y a un os...

LA VOYAGEUSE

Comment ça, «un os»?

LE CHEF DE GARE

Oui!... Ce n'est pas à *Villefranche* qu'il s'arrête, votre train...

LA VOYAGEUSE

Et depuis quand?

LE CHEF DE GARE
Depuis toujours…

LA VOYAGEUSE, *éberluée.*
«Depuis toujours»?

LE CHEF DE GARE
Eh! oui, forcément!… En fait, il s'agit du train de Rodez… Et donc, c'est à *Rodez* qu'il s'arrête!… Pas à Villefranche!…

LA VOYAGEUSE
Pas à Villefranche?!

LE CHEF DE GARE
À Villefranche, il s'arrête… sans s'arrêter, voilà!…

LA VOYAGEUSE, *à elle-même.*
Non mais, il est complètement fada ce bonhomme!…

LE CHEF DE GARE
Si vous préférez, il ne s'arrête qu'*un moment* à Villefranche…

LA VOYAGEUSE
Oui, et alors?

LE CHEF DE GARE
Et alors, il repart jusqu'à Rodez, et à Rodez, *il s'arrête* pour de bon… Comme qui dirait, Rodez, c'est le terminus…

LA VOYAGEUSE
Oui, merci! J'avais compris…

LE CHEF DE GARE
Et donc pour l'horaire, il faut que je cherche à la page de Rodez…

LA VOYAGEUSE
Mais ce n'est pas croyable, ça!

LE CHEF DE GARE
Et si!… Alors… A, B, C, D,… R!… R, R, R, R, Revel, Rocamadour, Rochefort, Rochefort… Eh! ben, dites donc! Des «Rochefort», il y en a un sacré paquet, c'est moi qui vous le dis!

LA VOYAGEUSE, *suppliante.*

S'il vous plaît… Rodez?…

LE CHEF DE GARE

Justement, nous y voilà!… « Rodez : 14 h 28 … Quai numéro 4, voie numéro 2 »!… C'est moi qui vous le dis.

LA VOYAGEUSE

14 h 28 ?… Eh ! ben, ce n'est pas malheureux !… Vous avez l'heure, s'il vous plaît ?

LE CHEF DE GARE, *consultant sa montre.*

Oui, madame… Il est exactement… 14 h 30, très précises !… C'est moi qui vous le dis.

LA VOYAGEUSE, *excitée.*

14 heures 30 ? ! … Mais alors… Le train est déjà parti ? ! …

LE CHEF DE GARE

Affirmatif, ma pauvre dame ! … Il est parti il y a deux minutes, quai numéro 4, voie numéro 2, c'est moi qui vous le dis…

LA VOYAGEUSE, *en colère.*

Alors là, bravo ! … Vous m'avez fait rater le train, espèce d'empoté !

LE CHEF DE GARE, *offusqué.*

Mais enfin, Madame…

LA VOYAGEUSE

Croyez-moi, cher Monsieur, question « bêtise », vous en avez un *SACRÉ PAQUET !* … Et ça, Monsieur, c'est *MOI* qui vous le dis ! *(Elle s'en va, laissant le chef de gare sans… voix.)*

RIDEAU

4 à 15 acteurs
8 minutes
CE2

Elle court... la rumeur

par
Michel Coulareau

Présentation de la pièce

Comment un fait sans importance se transforme, en passant de bouche à oreille, en une affaire criminelle des plus épouvantables.

Les personnages

Uniquement des rôles d'adultes, de 4 au minimum à 15 au maximum.

Cette pièce présente une succession de tête-à-tête. Un même comédien peut donc interpréter plusieurs rôles. Dans ce cas, il veillera à se parer d'accessoires différents pour chaque rôle afin que le public comprenne bien qu'il s'agit de différents personnages.

Par commodité, la plupart des personnages sont indiqués par des numéros (de 1 à 14) selon l'ordre de leur entrée en scène. On pourra bien sûr remplacer chacun de ces numéros par un nom (choisi par l'acteur tenant le rôle).

Pour les besoins de l'intrigue, le personnage n° 6 devra être un garçon et garder le nom de « Jean-Marie ».

La plupart de ces rôles peuvent être tenus par des garçons ou par des filles. Il suffira alors de modifier les noms propres ainsi que certaines répliques. Toutefois :
– les personnages n°s 1, 7, 13 et 14 sont des rôles féminins.
– « Jean-Marie » et « Monsieur Sept » sont des rôles masculins.

Décors

Pas de décors particuliers. On peut cependant imaginer un fond peint représentant un marché, une rue…

Costumes

Pas de costume particulier sauf pour Monsieur Sept qui sera en tenue de pêcheur (bottes, ciré…).

Accessoires

– une canne à pêche pour Monsieur Sept.

(La scène se déroule dans la rue, où deux personnes se rencontrent.)

MONSIEUR DEUX

Eh! Bonjour, Madame Un!

MADAME UN

Bonjour, Monsieur Deux!

MONSIEUR DEUX

Vous avez l'air en pleine forme, aujourd'hui!

MADAME UN

Exactement!... Je me suis régalée, à midi : j'ai mangé une bonne salade... Et puis aussi, un beau poisson!

MONSIEUR DEUX

C'est vrai que c'est bon, ça, « la salade avec le poisson »...

MADAME UN

Bon, allez!... Veuillez m'excuser : j'ai du travail à la maison... Au revoir, Monsieur Deux.

MONSIEUR DEUX

Au revoir, Madame Un!

(Sortie de Madame Un et entrée de Monsieur Trois.)

MONSIEUR TROIS

Tiens donc!... Monsieur Deux!... Comment allez-vous?

MONSIEUR DEUX

Très bien, merci!...

MONSIEUR TROIS

Dites-moi... Ce n'était pas Madame Un, là?...

MONSIEUR DEUX

Si, si, justement!... Elle me racontait qu'elle avait mangé de la salade avec du poisson...

MONSIEUR TROIS, *étonné.*

Ah! Bon?... Comme c'est curieux!...

Monsieur Deux

Bon… Au revoir, Monsieur Trois !… Je dois passer chez le boulanger…

Monsieur Trois

Eh ! Bien, alors… À bientôt, Monsieur Deux !

(Sortie de Monsieur Deux et entrée de Monsieur Quatre.)

Monsieur Quatre

Bonjour, Monsieur Trois !

Monsieur Trois

Bonjour, mon ami(e)… Dites-moi : vous connaissez la nouvelle ?

Monsieur Quatre

Quelle nouvelle ?

Monsieur Trois

Dans la salade de Madame Un, il y avait du poison !

Monsieur Quatre

Noon ?!… Pas possible !…

Monsieur Trois

Et que si !… C'est Monsieur Deux qui vient de me le dire !… Allez !… Au revoir, Monsieur Quatre… Je dois aller chez mes enfants…

Monsieur Quatre

Au revoir, Monsieur Trois !… Ah ! ben, ça, alors…

(Sortie de Monsieur Trois et entrée de Monsieur Cinq.)

Monsieur Cinq

Ah !… Je suis content de vous rencontrer, Monsieur Quatre !…

Monsieur Quatre

Et moi donc, Monsieur Cinq !… Figurez-vous que Madame Un s'est empoisonnée avec une salade !

Monsieur Cinq

Empoisonnée ?… Oh ! là ! là ! Quelle catastrophe !

MONSIEUR QUATRE

Vous gardez «ça» pour vous, Monsieur Cinq!... N'est-ce pas?

MONSIEUR CINQ

Bien sûr, Monsieur Quatre!... Je vous le promets!

MONSIEUR QUATRE

Alors, à plus tard, Monsieur Cinq!

(Sortie de Monsieur Quatre et entrée de Jean-Marie.)

MONSIEUR CINQ

Eh! Bonjour, Jean-Marie!... Dites... Vous le saviez, vous, que Madame Un s'était empoisonnée?...

JEAN-MARIE

Ben, non!... Vous me l'apprenez!...

MONSIEUR CINQ

Et il paraît même qu'elle est bien malade!

JEAN-MARIE

Pauvre Madame Un!... Elle n'a vraiment pas de chance!

MONSIEUR CINQ

Oui, c'est bien triste!... Je vais prévenir, discrètement, Monsieur le Curé... On ne sait jamais... Allez, au revoir, Jean-Marie!...

JEAN-MARIE

À bientôt, Monsieur Cinq!...

(Sortie de Monsieur Cinq et entrée de Madame Sept.)

MADAME SEPT

Bonjour, Jean-Marie!... Quoi de neuf sous le soleil?

JEAN-MARIE

Oh!... Rien de bien gai, Madame Sept!... Il paraît que Madame Un est très très malade : elle a été empoisonnée!

MADAME SEPT

Mon Dieu!... Est-ce possible?

JEAN-MARIE

Puisque je vous le dis!... Mais, surtout, ne le répétez pas!

MADAME SEPT

Évidemment!... Motus et bouche cousue!... Au revoir, Jean-Marie...

(Sortie de Jean-Marie et entrée de Monsieur Huit.)

MONSIEUR HUIT

Oh!... C'est vous, Madame Sept?

MADAME SEPT

Oui, oui, c'est moi!... Venez vite : j'ai une bien mauvaise nouvelle...

MONSIEUR HUIT

Allons bon!... Laquelle?

MADAME SEPT

Madame Un risque de mourir : elle a été empoisonnée...

MONSIEUR HUIT

Comment le savez-vous?...

MADAME SEPT

C'est Jean-Marie... Et, surtout, pas un mot!...

MONSIEUR HUIT

Comptez sur moi, Madame Sept!

MADAME SEPT

À personne, hein!?

MONSIEUR HUIT

Personne!... Discrétion assurée!... Mais il faudrait, peut-être, prévenir Monsieur le Maire!

MADAME SEPT

Bien entendu!... Ne bougez pas : j'y vais!

(Sortie de Madame Sept et entrée de Monsieur Neuf.)

MONSIEUR NEUF

Qu'est-ce que vous avez, Monsieur Huit ?… Vous m'avez l'air tout(e) drôle…

MONSIEUR HUIT

Ben, forcément !… Dites-moi, Monsieur Neuf… Est-ce que je peux vous confier un secret ?

MONSIEUR NEUF

Pour sûr, Monsieur Huit !… Vous savez : je sais tenir ma langue !

MONSIEUR HUIT

Eh ! bien… Madame Un va mourir !… Empoisonnée !… Voilà !

MONSIEUR NEUF

Noon !?… Qui vous l'a dit ?

MONSIEUR HUIT

Madame Sept !…

MONSIEUR NEUF

Comment ça se fait ?

MONSIEUR HUIT

Ben, c'est son mari, pardi !

MONSIEUR NEUF

Monsieur Sept ?!…

MONSIEUR HUIT

Lui-même !

MONSIEUR NEUF

Ah ! Ben, ça, pour le coup !

MONSIEUR HUIT

Bon… Moi, je vais téléphoner à mon beau-frère : il doit en savoir davantage… Il est journaliste…

(Sortie de Monsieur Huit et entrée de Monsieur Dix.)

MONSIEUR NEUF

Approchez, approchez, Monsieur Dix... Vous êtes quelqu'un de confiance, vous?...

MONSIEUR DIX

Assurément!... Pourquoi?

MONSIEUR NEUF

Vous n'allez pas me croire : Madame Un a été empoisonnée par Monsieur Sept!

MONSIEUR DIX

Quoi?!... C'est Monsieur Huit qui vous l'a dit?

MONSIEUR NEUF

Oui!... Il (ou elle) vient juste de me quitter!... Surtout, n'en parlez à personne!

MONSIEUR DIX

Soyez sans crainte, Monsieur Neuf!... Je resterai muet(te) comme une carpe...

(Sortie de Monsieur Neuf et entrée de Monsieur Onze.)

MONSIEUR ONZE

Tiens donc!... Monsieur Dix!... Vous en faites une drôle de tête!

MONSIEUR DIX

Ben... C'est-à-dire que... Ne le répétez pas : Monsieur Sept a empoisonné Madame Un, alors...

MONSIEUR ONZE

Noon!?...

MONSIEUR DIX

Siii!

MONSIEUR ONZE

Pourquoi donc l'a-t-il empoisonnée?

MONSIEUR DIX

Ben, je ne sais pas!… Je vais demander au coiffeur… Lui, il doit le savoir!…

MONSIEUR ONZE

Oui, oui… Bonne idée!

MONSIEUR DIX

Mais, vous, au moins… N'en parlez à personne!

MONSIEUR ONZE, *offusqué(e).*

Je vous en prie, Monsieur Dix!… Ce n'est pas mon genre!… Voyons!

(Sortie de Monsieur Dix et entrée de Monsieur Douze.)

MONSIEUR DOUZE

Monsieur Onze!… Comment allez-vous?

MONSIEUR ONZE

Mal, mon ami(e), mal!… Approchez… Monsieur Sept a tué Madame Un!

MONSIEUR DOUZE

Sans blague?!… Et on l'a arrêté?

MONSIEUR ONZE

Je l'ignore!… Plantechou, le gendarme, saura me le dire! J'y vais… Mais, chut!… « Je ne vous ai rien dit! »

MONSIEUR DOUZE

Mais… « Je n'ai rien entendu »… Promis!

(Sortie de Monsieur Onze et entrée de Madame Treize.)

MADAME TREIZE

Qu'est-ce qui se passe, Monsieur Douze?

MONSIEUR DOUZE

Monsieur Sept a assassiné Madame Un!… C'est sûr : il va aller en prison!

MADAME TREIZE

Quoi!?… C'est incroyable!…

MONSIEUR DOUZE

Pourtant, c'est la vérité!... Si j'ai du nouveau, je vous appelle!... En attendant... Silence sur toute la ligne!

MADAME TREIZE

Ne craignez rien : je ne me mêle jamais des affaires des autres!

(Sortie de Monsieur Douze et entrée de Madame Quatorze.)

MADAME QUATORZE

Tiens donc!... Cette chère Madame Treize!

MADAME TREIZE

Madame Quatorze!... Alors, là, vous tombez bien!

MADAME QUATORZE

Ah! oui?... Pourquoi?

MADAME TREIZE

Monsieur Sept est en prison!... Il a assassiné Madame Un!...

MADAME QUATORZE

Ah! Bon!?... Vous en êtes sûre?...

MADAME TREIZE

Certaine, Madame Quatorze!

MADAME QUATORZE

Oh! là, là!... Quelle histoire!

MADAME TREIZE

Entre nous, je le trouvais bizarre, ces temps derniers, Monsieur Sept...

MADAME QUATORZE

Ah! bon?... Vous *aussi*?!

MADAME TREIZE

Il avait un drôle de regard...

MADAME QUATORZE

Oui... Et même, une drôle d'odeur...

MADAME TREIZE
Il doit boire, cet homme-là !

MADAME QUATORZE
Ou bien alors, il se drogue !... Qui sait ?

MADAME TREIZE
Ou même, les deux, peut-être !

MADAME QUATORZE
Ça, c'est bien possible !...

MADAME TREIZE
Mais enfin... De là à devenir un assassin !... Tout de même !

(Entrée de Monsieur Sept, en tenue de pêcheur.)

MADAME QUATORZE
Oh ! ben ça alors !... Regardez !... C'est bien Monsieur Sept, là-bas ?

MADAME TREIZE
Eh ! Oui !... C'est lui !... Oh ! là ! là !... Il s'est échappé de prison !

MONSIEUR SEPT, *très courtois.*
Bonjour Mesdames !... Alors ?... On se promène ?

MADAME QUATORZE
Ne répondez pas !... Cet homme est dangereux !

MADAME TREIZE
C'est un ivrogne... Et un drogué !

MADAME QUATORZE
Un assassin, oui !... Filons !

MADAME TREIZE
Et en plus, un prisonnier en cavale !

MONSIEUR SEPT
Le temps est vraiment superbe, aujourd'hui !

MADAME QUATORZE
Mon Dieu !... Quelle horreur !... Fuyons !

MADAME TREIZE

C'est ça : fuyons !

MADAME QUATORZE, *s'enfuyant.*

Au secours ! ... Au secours ! ...

MADAME TREIZE, *s'enfuyant.*

L'assassin s'est échappé !... Au secours !

MONSIEUR SEPT, *étonné.*

Ah ! ben, ça, alors !... On dirait qu'elles ont eu peur, ces deux pipelettes !... *(Au public.)* Ah ! je vous jure !... Ces bonnes femmes !... Entre nous, vous voulez un conseil ?... Faites comme moi, allez donc à la pêche, quand elles vous *empoisonnent !*... Allez !... Salut la compagnie !

(Monsieur Sept s'en va...)

R I D E A U

Histoire naturelle des maux

par
Claudio Ponté

Présentation de la pièce

Les « maladies enfantines » se sont réunies pour discuter du plaisir qu'elles ont à contaminer les enfants. En voilà justement un qui passe…

Liste des personnages

- La Rougeole
- La Varicelle
- L'Oreillon droit
- L'Oreillon gauche
- L'Asthme
- Le Rhume-Bronchite-Otite
- L'Enfant

Un rôle d'enfant : l'enfant.

Six rôles de « maladies ».
Chacun de ces rôles peut être indifféremment interprété par un garçon ou par une fille.

Décors

Pas de décors particuliers. On pourra cependant imaginer un fond peint représentant, par exemple :
– un long tableau abstrait évoquant la fièvre par ses couleurs chaudes ;
– une évocation naïve de microbes et autres bactéries vus au microscope.

Costumes

Pas de costume particulier pour l'enfant.
Chaque « maladie » sera costumée et maquillée en fonction des symptômes qu'elle provoque. Par exemple :
– la rougeole : vêtements rouges, visage et mains constellés de petits points rouges ;
– la varicelle : vêtements blancs avec points rouges et marrons, maquillage correspondant ;
– les deux oreillons : vêtements noirs rembourrés pour évoquer l'inflammation ;
– l'asthme : vêtements noirs, très collants (comédien maigre de préférence !), visage très pâle, yeux soulignés de noir ;
– le rhume-bronchite-otite : vêtements roses, maquillage rouge pour le nez, les oreilles et la gorge.

Accessoires

– un jeu ou un livre pour l'enfant entrant en scène.

Scène 1

Personnages : La Rougeole - L'Oreillon gauche - L'Oreillon droit - La Varicelle - Le Rhume-Bronchite-Otite - L'Asthme

(La Rougeole entre.)

LA ROUGEOLE

Vive le printemps! Je vais semer des taches rouges sur tous les visages, les cous, les jambes, partout! je suis la rougeole et les enfants, j'en raffole!

(L'Oreillon gauche puis L'Oreillon droit entrent.)

L'OREILLON GAUCHE

Ah pardon! Les oreilles des enfants c'est notre affaire, à mon frère et à moi.

L'OREILLON DROIT

Parfaitement, je dirais même plus : c'est notre affaire.

LA ROUGEOLE

Peuh! Les Oreillons, vous n'êtes jamais contents!

L'OREILLON GAUCHE

Et toi, tu fais grogner les enfants, c'est pire!

L'OREILLON DROIT

Et je dirais même plus : tu fais grogner les enfants.

LA ROUGEOLE, *provocatrice, très star.*

Je suis leur idole et je suis très contagieuse!

(La Varicelle entre.)

LA VARICELLE

Peti... peti... Venez à moi les petits enfants!... Peti... peti...

L'OREILLON GAUCHE

Qui est cette folle?

L'OREILLON DROIT

Qui est cette folle?

56

LA VARICELLE

Je suis la varicelle, j'adore les enfants… peti… peti… grattez-vous !

LA ROUGEOLE, *méprisante.*

Les enfants ne sont pas des poules, ma chère !

LA VARICELLE

Jalouse ! Les enfants m'adorent : je les chatouille et ils grattent avec plaisir mes boutons pleins de liquide.

LA ROUGEOLE, *méprisante.*

Quelles vilaines cicatrices pour toujours !

LA VARICELLE

Je te rappelle qu'on se ressemble, très chère…

LA ROUGEOLE

Ah non, tes boutons sont dégoûtants !… J'aurais dû venir avec ma bonne amie La Rubéole.

(Entre Le Rhume-Bronchite-Otite.)

LE RHUME-BRONCHITE-OTITE, *pressé.*

Je quitte à l'instant un foyer d'enfants. Que se passe-t-il ?… Ah oui, bonjour, je suis le champion à trois têtes : Rhume-Otite-Bronchite. Le nez, la gorge et les oreilles, c'est moi !

LES OREILLONS, *ensemble.*

Ah pardon, c'est nous !

LE RHUME-BRONCHITE-OTITE

Bon, je suis pressé : où est l'école la plus proche ?

LA ROUGEOLE

Ah non ! L'école, c'est mon territoire.

L'OREILLON GAUCHE

C'est le nôtre aussi !

L'OREILLON DROIT

Je dirais même plus : c'est le nôtre aussi !

LA ROUGEOLE

Ah, vous ! les Oreillons, vous commencez à nous les gonfler.

LA VARICELLE

Et moi, et moi ? Vous m'enterrez trop vite ! Je règne sur les crèches et les garderies. Peti… peti… grattez-vous le nez, et les bras, et le ventre.

(L'Asthme entre.)

L'ASTHME, *arrogant.*

Bonjour, braves gens… Je suis La maladie de l'avenir : L'asthme !… Vivent la fumée, les poils et la poussière !

LA ROUGEOLE, LE RHUME-BRONCHITE-OTITE, *et les autres, ensemble.*

Quel prétentieux !… Pour qui tu te prends ?… Raseur !… Va-t-en !

L'ASTHME, *se délectant.*

Ah ! ces cris… Ah ! les acclamations de la foule ! Merci !… Je vais étouffer la Terre, avant de conquérir tout l'univers !

Scène 2

Personnages : les mêmes - L'Enfant

(Un petit enfant entre, il joue au diabolo ou à autre chose…)

LA VARICELLE, *attendrie.*
Oh… un enfant !

L'OREILLON GAUCHE
Il est à moi !

L'OREILLON DROIT
Je dirais même plus : il…

L'OREILLON GAUCHE, *le coupant.*
Je prends à gauche !

L'OREILLON DROIT
Et moi, à droite !

LA ROUGEOLE, *intervenant, aux Oreillons.*
> Lâchez-le, espèce de sauvages!... Viens, mon cher enfant, n'aie pas peur...

L'ASTHME, *retenant l'enfant, à la Rougeole.*
> Non, c'est ici, devant nous que tu dois le rendre malade.

LE RHUME-BRONCHITE-OTITE, *essayant de prendre de vitesse La Rougeole.*
> Moi, je suis pressé.

L'ASTHME, *condescendant.*
> Allez-y, j'ai tout mon temps...

LA ROUGEOLE, *résistant.*
> Moi aussi je suis pressée : j'ai des enfants qui m'attendent à l'école!

LE RHUME-BRONCHITE-OTITE, *à l'enfant.*
> Je vais te souffler dans la figure...

LA ROUGEOLE, *à l'enfant.*
> Je vais t'embrasser...

LA VARICELLE
> Et moi, te chatouiller!

L'ENFANT, *fuyant.*
> Non!

> *(Course poursuite générale... Toutes les maladies poursuivent l'enfant...)*

LA ROUGEOLE, *à l'enfant.*
> J'ai connu ta mère toute petite!

L'ENFANT, *vive répartie.*
> Elle me protégera car elle m'aime. Et je l'aime aussi!

TOUTES LES MALADIES, *grimaçant de douleur.*
> Ah!... l'amour d'une mère!

LA VARICELLE
> J'ai connu ton père bébé!

L'Enfant

Il me protégera aussi!

Toutes les maladies, *même jeu douloureux.*

Ah!...

L'Asthme, *essoufflé.*

Arrête de courir, morveux, j'ai un point de côté!

(Une à une, les maladies se lassent et abandonnent.)

Le Rhume-Bronchite-Otite, *se sentant mal.*

Il va me rendre malade!

La Varicelle, *fatiguée.*

Petit diable, tu ne vaux pas un bouton!

La Rougeole

Écoute-moi, nigaud, l'amour des parents ne peut rien contre nous!

L'Enfant

C'est pas vrai! Et en plus je suis vacciné, tralala lalère heu!
(Il fait trois petits tours et puis s'en va.)

(Bruit et fureur des «maladies» qui sortent.)

RIDEAU

4 acteurs
12 minutes
CM2

Copies conformes

par
Michel Coulareau

Présentation de la pièce

Le père et la mère d'un élève ont été convoqués chez le directeur de l'école. Celui-ci leur annonce que leur fils est un copieur. Il en a même la preuve.

Liste des personnages

- Le directeur   à partir du CE2.
- Mlle Perlefine,
  sa secrétaire   à partir du CE1.
- Le père   à partir du CE2.
- La mère   à partir du CE2.

Uniquement des rôles d'adultes.

Chacun de ces rôles peut être indifféremment interprété par un garçon ou par une fille.

Décors

La scène se déroule entièrement dans le bureau du directeur. On aura besoin, notamment :

– d'un bureau et d'une chaise pour le directeur ;
– de deux chaises pour les parents ;
– d'un meuble « de rangement » dans lequel la secrétaire ira chercher le dossier de l'élève.

Costumes

Pas de costume particulier.

Accessoires

– quelques accessoires de bureau à poser sur le bureau du directeur ;
– un interphone factice que le directeur utilisera pour appeler sa secrétaire ;
– un sac à main bien garni de mouchoirs en papier pour la mère de l'élève ;
– un dossier (chemise cartonnée de couleur vive) contenant des copies (feuilles doubles écrites, le texte n'ayant aucune importance).

MONSIEUR CRUCHON

Bonjour, mademoiselle…

MADEMOISELLE PERLEFINE

Bonjour… Entrez, je vous en prie.

MONSIEUR CRUCHON

Je suis monsieur Cruchon… Célestin Cruchon… Et voici mon épouse, Germaine…

MADEMOISELLE PERLEFINE

Ah! oui, en effet… Monsieur et Madame Cruchon…

MONSIEUR CRUCHON

Monsieur le Principal nous a convoqués.

MADEMOISELLE PERLEFINE

C'est exact… Monsieur le Principal va vous recevoir.

MONSIEUR CRUCHON

Parfait.

MADEMOISELLE PERLEFINE

Je vous demande un tout petit instant de patience… Asseyez-vous, je vous prie.

MONSIEUR CRUCHON

Merci mademoiselle. *(Ils s'asseyent face au bureau du Principal. Monsieur Cruchon s'adresse à sa femme.)*… N'aie pas peur, Germaine, ça va bien se passer…

MADEMOISELLE PERLEFINE

Monsieur le Principal ne devrait plus tarder… Ah!… Justement, je crois qu'il arrive…

(Monsieur le Principal entre; monsieur et madame Cruchon se lèvent; mademoiselle Perlefine s'éclipse.)

PRINCIPAL, *l'air sévère.*

Bonjour… Vous êtes monsieur et madame Cruchon, je présume?…

MONSIEUR CRUCHON

Oui, monsieur le Principal... Vous nous avez convoqués...

PRINCIPAL

C'est cela, oui...

MADAME CRUCHON

... Et nous sommes un peu inquiets...

PRINCIPAL

Ah! Il y a de quoi, madame!... Asseyez-vous...

(Les Cruchon s'asseyent; le Principal reste debout en arpentant la pièce.)

MONSIEUR CRUCHON

C'est au sujet de notre fils, je suppose?...

PRINCIPAL

Évidemment!... Il s'agit bien de votre fils... Sébastien, si je ne me trompe?...

MADAME CRUCHON

Oui, c'est bien ça, monsieur le Principal... Sébastien...

PRINCIPAL

Eh, bien! voilà... Je n'irai pas par quatre chemins : votre enfant a fait une bêtise...

MONSIEUR CRUCHON, *à son épouse.*

Une bêtise... Je m'en doutais...

PRINCIPAL

Et même... une *GROSSE* bêtise...

MADAME CRUCHON

« Grosse –... grosse? »...

PRINCIPAL

Certes, elle n'est pas «énorme-énorme»... Mais elle est toutefois... Comment dirais-je?... Disons... «suffisante»...

MONSIEUR CRUCHON

De quoi s'agit-il, monsieur le Principal?

PRINCIPAL

Eh, bien! voilà!… En un mot comme en mille, je vous le dis tout net : votre fils est un copieur!

MADAME CRUCHON

Sébastien, un copieur?… Ce n'est pas possible!

MONSIEUR CRUCHON

Ah! Ben, ça, alors!…

PRINCIPAL

Cela semble vous surprendre, monsieur Cruchon?

MONSIEUR CRUCHON

Ben, oui… Forcément!…

MADAME CRUCHON

Sébastien ne nous a pas habitués à cela, jusqu'à présent…

PRINCIPAL

Hélas!… Il y a un début à tout, madame…

MONSIEUR CRUCHON

Mais enfin, monsieur le Principal, comment pouvez-vous affirmer que Sébastien est un… copieur?

MADAME CRUCHON

L'avez-vous donc pris sur le fait?

PRINCIPAL

Non, certes… Pas en «flagrant délit»…

MONSIEUR CRUCHON, *à son épouse.*

Ouf! C'est déjà ça!

MADAME CRUCHON

A-t-il avoué qu'il copiait?…

PRINCIPAL

Non, non, pas davantage… Tout au contraire, il persiste à nier, mais…

MONSIEUR CRUCHON
Mais ?

PRINCIPAL
Mais les preuves sont accablantes…

MADAME CRUCHON
Accablantes ?!!! *(Elle sort un mouchoir.)*

PRINCIPAL
Ce qui me met dans l'obligation de donner à votre fils un avertissement…

MONSIEUR CRUCHON
Ouïe, ouïe, ouïe : un avertissement !…

PRINCIPAL
Et s'il récidive, il sera mis à la porte du Collège pendant trois jours…

MADAME CRUCHON, *pleurnichant.*
Mon Dieu !… Quelle histoire !

MONSIEUR CRUCHON
Vous êtes donc *sûr* qu'il a copié ?

PRINCIPAL
Certain, cher monsieur !

MADAME CRUCHON, *en sanglotant.*
Quelle catastrophe !

PRINCIPAL
D'ailleurs, je vais vous en fournir la preuve… *(Il utilise l'interphone.)* Mademoiselle Perlefine ?… Veuillez m'apporter le dossier « Cruchon », s'il vous plaît. Merci.

MADAME CRUCHON, *en pleurnichant, à son mari.*
« Le dossier Cruchon ! » Tu as entendu ? Il a *déjà* un dossier !… Le pauvre !

MONSIEUR CRUCHON, *gentiment, à son épouse.*

Calme-toi, Germaine, calme-toi… Ça pourrait être pire : il aurait pu passer sous l'autobus !

MADAME CRUCHON, *redoublant de sanglots.*

Oh ! Non, pitié ! Pas l'autobus !…

(Entrée de mademoiselle Perlefine, tendant un dossier au Principal.)

MADEMOISELLE PERLEFINE

Voici le dossier de l'élève Cruchon Sébastien, monsieur le Principal.

PRINCIPAL

Merci ! Est-il complet, au moiñs ?

MADEMOISELLE PERLEFINE

Bien sûr, monsieur le Principal. Je me suis même permis d'y joindre les photocopies concernant l'élève Tricard Nicolas.

PRINCIPAL

Vous avez bien fait : je vous en remercie.

MADEMOISELLE PERLEFINE

Vous avez encore besoin de moi, monsieur le Principal ?

PRINCIPAL

Non ! Merci. Vous pouvez disposer.

(La secrétaire sort ; le Principal s'installe à son bureau.)

MADAME CRUCHON

Ni… Nicolas Tricard ?… Mais… C'est le meilleur copain de Sébastien !

PRINCIPAL

En effet, madame… Il n'empêche que c'est, précisément, sur Nicolas Tricard que votre enfant a copié…

MONSIEUR CRUCHON

C'est normal : en classe, ils sont assis à la même table, alors…

PRINCIPAL

Ah ! Vous trouvez ça « normal », vous, que l'on copie sur son meilleur ami !?

MONSIEUR CRUCHON

Mais non, bien sûr! Simplement, ils sont côte à côte... Alors, forcément...

PRINCIPAL

«Forcément»!... Vous n'ignorez pas, cher monsieur Cruchon, que... «copier, c'est voler»?... N'est-ce pas?...

MONSIEUR CRUCHON

Oui... Si on veut...

PRINCIPAL

Comment ça, «si on veut»?...

MONSIEUR CRUCHON, *embarrassé.*

Mais non... Euh... Je voulais dire...

PRINCIPAL

Alors, si, en plus, on commence par voler son meilleur ami... Où allons-nous?... Je vous le demande...

MADAME CRUCHON, *pleurnichant de plus belle.*

C'est incroyable!

MONSIEUR CRUCHON, *à son épouse.*

Voyons, Mémène, calme-toi... Pense à l'autobus...

MADAME CRUCHON

Bouh! bouh!... L'autobus!...

PRINCIPAL

Bon!... Venons-en aux faits, voulez-vous?

MONSIEUR CRUCHON

Oui, c'est ça : aux faits, aux faits...

PRINCIPAL

J'ai donc, ici, devant moi, deux copies...

MADAME CRUCHON

Deux copies?

PRINCIPAL

Oui, deux copies, concernant la dernière interrogation de sciences naturelles de notre excellent professeur, Monsieur Baudruche...

MONSIEUR CRUCHON

Ah! oui... monsieur Baudruche, le barbu...

PRINCIPAL

C'est cela, oui... J'ai donc ici la copie d'un certain Cruchon Sébastien...

MADAME CRUCHON, *sanglotant.*

Mon petit Sébastien...

PRINCIPAL

Et j'ai, ici, la copie du fameux copain, Tricard Nicolas... Or il se trouve que ces deux copies sont absolument i-den-ti-ques!

MONSIEUR CRUCHON

Il s'agit, peut-être, d'une simple coïncidence.

PRINCIPAL

«Une coïncidence»!... Tiens donc!... Je m'attendais à cette remarque...

MADAME CRUCHON

Ce n'est pas une coïncidence? Mon Dieu!...

MONSIEUR CRUCHON, *à son épouse.*

Un peu de cran, Mémène, que diable!

PRINCIPAL

Voyons cela dans le détail, voulez-vous?

MONSIEUR CRUCHON

Oui, s'il vous plaît... On y verra plus clair.

PRINCIPAL

Alors... Première question : «Citez un mammifère.»

MADAME CRUCHON

Un mammifère?...

PRINCIPAL

Un mammifère, oui!… Alors, réponse Tricard : « la vache »… et réponse Cruchon : « la vache »… Qu'en dites-vous ?…

MADAME CRUCHON

Ben, sans vouloir vous offenser, monsieur le Principal…, la vache est, tout de même, le mammifère qui vient immédiatement à l'esprit, n'est-ce pas ?…

MONSIEUR CRUCHON

Ne serait-ce qu'à cause des mamelles, monsieur le Principal…

PRINCIPAL

Les mamelles ?…

MONSIEUR CRUCHON

Oui, car, qui dit « mammifère », pense « mamelles »… Et qui pense « mamelles », dit « vache », n'est-ce pas ?

PRINCIPAL

M'ouaih… Je suis bon prince, je vous le concède : la fraude, jusque-là, n'est pas flagrante… Mais passons à la deuxième question…

MADAME CRUCHON

Oui, c'est ça : poursuivons…

PRINCIPAL

Donc, deuxième question : « Citez un poisson. » Alors, réponse Tricard : « la sardine »… et réponse Cruchon : « la sardine »…

MONSIEUR CRUCHON

La sardine ?…

PRINCIPAL

Oui, « la sardine »!… Avouez que c'est déjà étonnant : parmi tous les poissons qui peuplent nos rivières, nos fleuves et nos océans, nos deux petits amis ont pêché… la même et malheureuse sardine! Des commentaires ?

MADAME CRUCHON

Non, bien sûr… Quoique…

PRINCIPAL

Quoique… *quoi,* madame Cruchon ?

MADAME CRUCHON

Voyez-vous, monsieur le Principal, des sardines, nous en mangeons souvent à la maison…

PRINCIPAL

Oui, et alors ?

MADAME CRUCHON

Et il nous arrive aussi d'inviter le petit Nicolas… qui mange alors des sardines… Ceci explique, peut-être, cela ?…

PRINCIPAL

Et des… libellules, vous en mangez, aussi, souvent, à la maison ?

MONSIEUR CRUCHON

Des libellules ?… Non ! Jamais !… Pourquoi ?

PRINCIPAL

Parce qu'à la troisième question : « Citez un insecte », nous avons comme réponse, d'un côté : « la libellule verte des marais », et de l'autre : « la libellule verte des marais »… Troublant, non ?

MADAME CRUCHON, *dépitée.*

Évidemment, là, la libellule, c'est moins courant…

PRINCIPAL

Qui plus est, quand elle est « verte » et « des marais »…

MADAME CRUCHON

Oui, bien sûr… À moins que…

PRINCIPAL

À moins que *quoi,* encore ?…

MADAME CRUCHON

Eh bien, le père du petit Nicolas et mon mari exercent le même métier…

PRINCIPAL

Vous êtes éleveur de libellules, monsieur Cruchon?

MONSIEUR CRUCHON

Non, monsieur le Principal… *(Fièrement)* Pilote d'hélicoptères.

MADAME CRUCHON

Et alors, forcément, entre « hélicoptère » et « libellule », il y a une similitude…

MONSIEUR CRUCHON

D'autant que les hélicoptères sont souvent de couleur « verte »…

PRINCIPAL

Il est vrai, aussi, que parmi les cinq millions de variétés d'insectes qui peuplent la planète, la plus répandue est, sans doute, la libellule!… Et pas n'importe quelle libellule : « la libellule verte des marais »…

MONSIEUR CRUCHON, *embarrassé.*

Oui, évidemment… Vu sous cet angle…

MADAME CRUCHON

Y avait-il d'autres questions?

PRINCIPAL

Oui madame : deux autres… Quatrièmement : « Citez un animal préhistorique. »…

MONSIEUR CRUCHON

Alors là, Germaine, ça se corse…

PRINCIPAL

Comme vous dites, monsieur Cruchon : ça se corse! Eh bien, devinez?… Nous avons eu droit, d'un côté, à un « tricératops laineux »…

MONSIEUR CRUCHON, *à son épouse.*

Quès aco?…

PRINCIPAL

Eh! oui!… Et, de l'autre,… à un second «tricératops laineux»!…
Curieux, non?…

MADAME CRUCHON

Quelle coïncidence!…

PRINCIPAL

Ben, voyons!… Encore une coïncidence!… Il faut reconnaître
que, parmi tous les dinosaures, diplodocus et compagnie, la
bestiole la plus sympathique, la plus souriante, et donc, la
plus attachante, c'est bien le tricératops laineux! J'ai bien dit :
«laineux»…

MONSIEUR CRUCHON

Oui, en effet… C'est curieux, comme réponse, le «tri-machin-
chose laineux»…

PRINCIPAL

Alors, quant à la dernière question, c'est là que la tricherie
saute aux yeux…

MONSIEUR CRUCHON

Si vous me permettez, monsieur le Principal… Vous accusez
Sébastien de copier sur Nicolas… C'est bien ça?

PRINCIPAL

Tout à fait, cher monsieur.

MONSIEUR CRUCHON

Et si c'était… l'inverse?

MADAME CRUCHON

C'est vrai, ça!… Si c'était, plutôt, Nicolas qui copiait sur
Sébastien?

PRINCIPAL

Nous y venons!… Les réponses à la dernière question nous
fournissent le nom du copieur…

MONSIEUR CRUCHON

Ah! bon?… Et quelle était cette dernière question?

PRINCIPAL

Dernière question : « Citez un gastéropode terrestre ».

MONSIEUR CRUCHON

Un gastéropode terrestre ?... *(À son épouse.)* De mieux en mieux...

MADAME CRUCHON

C'est-à-dire : un escargot ou une limace ?...

PRINCIPAL

Tout à fait, chère madame : l'escargot ou la limace...

MONSIEUR CRUCHON

Dans ce cas précis, je vous ferai remarquer qu'il y avait là une chance sur deux d'obtenir la même réponse : « escargot »... ou... « limace »...

MADAME CRUCHON

... Sans pour autant qu'il y ait... « copiage »...

PRINCIPAL

Je vous l'accorde !... Hélas, les réponses obtenues sont très éloignées de l'escargot et de la limace...

MONSIEUR CRUCHON

Allons bon !... Décidément...

PRINCIPAL

Eh ! oui !... Voici la réponse de Nicolas Tricard : « Je ne sais pas. »

MONSIEUR CRUCHON

Tiens donc !... Et Sébastien, aussi, a répondu : « Je ne sais pas » ?

PRINCIPAL

Non, justement !... Sébastien n'a pas répondu : « Je ne sais pas »...

MADAME CRUCHON

Eh bien alors !!? Cela prouve qu'il n'a pas copié !

PRINCIPAL

Et si, pourtant !... Sébastien a copié...

MONSIEUR CRUCHON

Mais enfin, monsieur le Principal!... S'il avait copié, il aurait écrit : «Je ne sais pas»!... Ou, alors, à la rigueur, il n'aurait rien écrit du tout!...

PRINCIPAL

Ah mais je vous rassure, monsieur Cruchon : Sébastien a fourni une réponse...

MADAME CRUCHON

Ah! Tout de même!

PRINCIPAL

Nicolas Tricard a donc répondu : «Je ne sais pas»...

MONSIEUR et MADAME CRUCHON

Et Sébastien?!!

PRINCIPAL

Et Sébastien... : «Moi non plus.»

MONSIEUR CRUCHON

Mon Dieu!... Quelle andouille, ce gosse!...

R I D E A U

La Mauvaise Note

par
Michel Coulareau

Présentation de la pièce

Différentes façons de procéder pour annoncer «en douceur» que l'on vient d'avoir une très mauvaise note en classe...

Remarque

Cette pièce est composée d'une succession de treize petits gags très rapides.

Liste des personnages

◆ Un présentateur (ou une voix *off*)
◆ Le papa
◆ Deux à quatorze enfants (le même garçon et la même fille pour l'ensemble des gags, ou des enfants à chaque fois différents).

Chacun de ces rôles peut être indifféremment interprété par un garçon ou par une fille (le papa pouvant très bien être une maman). Cependant le gag n° 11 ne peut être interprété que par une fille;

Un même comédien peut interpréter plusieurs rôles.

Tous ces rôles peuvent être interprétés par des élèves à partir du CE2.

Décors

Pas de décors particuliers, si ce n'est un fauteuil pour le papa et deux tabourets (ou chaises) placés à côté. Un fond peint peut éventuellement évoquer un salon ordinaire.

Costumes

Pas de costume particulier.

Accessoires

– un journal pour le papa.

UN PRÉSENTATEUR OU UNE VOIX « OFF », *avant l'ouverture du rideau.*

« Mesdames et Messieurs, petits et grands, il nous est arrivé à tous (ou il nous arrivera) d'avoir à effectuer la démarche (ô combien délicate!) suivante :

ANNONCER, «EN DOUCEUR», À SON PAPA, QUE L'ON VIENT D'OBTENIR UNE BIEN MAUVAISE NOTE EN CLASSE!...

«Voici donc, maintenant, quelques petites astuces qui vous sont offertes gratuitement pour vous aider à franchir, avec succès et sans trop de risques, cette terrible épreuve...

«Chers amis spectateurs, voici : *LA MAUVAISE NOTE.* »

(Ouverture du rideau.)

(À l'ouverture du rideau, personne n'est en scène. L'installation du papa va s'effectuer «en direct», devant les spectateurs, de la façon suivante.)

LE PRÉSENTATEUR, *ou la voix « off ».*

«Voici donc, chers amis spectateurs, la marche à suivre :
- D'abord, laissez votre Papa s'installer confortablement dans son fauteuil.

(Le Papa entre en scène, un journal sous le bras.)

«Il est si fatigué, ce pauvre Papa!...

(Le Papa se laisse choir, en soupirant, dans son fauteuil.)

«C'est qu'il vient de vivre une longue journée de travail!... Laissez-le donc se plonger dans la lecture de son journal favori...

(Le Papa déplie son journal.)

«Attention... c'est le moment!... Prenez votre courage à deux mains et puis... «attaquez!» En ayant l'air, bien sûr, le plus naturel et le plus décontracté possible...»

(Les «enfants » – qui se succèdent – utilisent, tour à tour, les tabourets placés à côté du fauteuil. Dès que son «gag» est terminé, chaque enfant quitte prestement la scène.)

1

ENFANT, *enjoué.*

Papa!... Papa!... J'ai une bonne devinette...

PAPA

Ben, je t'écoute, mon enfant...

ENFANT

Bon alors... Dis un chiffre – *au hasard* – entre... entre 2 et 4...

PAPA, *étonné.*

Entre 2 et 4?...

ENFANT

Oui, oui, *au hasard*, entre 2 et 4...

PAPA, *haussant les épaules.*

Ben... 3, pardi!

ENFANT, *admiratif.*

Alors ça, c'est magique!...

PAPA, *étonné.*

Magique?...

ENFANT, *enjoué.*

Tu as juste deviné combien j'ai eu ce matin, en conjugaison :
3 sur 20!... Alors là, Papa, chapeau!...

2

ENFANT

Dis, Papa... Tu sais la note qu'a eue Thomas, ce matin?

PAPA, *surpris.*

Ben non, aucune idée!...

ENFANT

Eh ben, il a eu zéro sur vingt, Thomas!

PAPA

Mais dis-moi, plutôt... Combien as-tu eu, toi ?... Pas comme Thomas, j'espère...

ENFANT

Oh ! non, pas du tout !... Moi, j'ai eu le *double* de Thomas...

3

ENFANT

Dis, Papa, tu as gagné, au loto, aujourd'hui ?

PAPA

Oh ! non, hélas !... Je n'ai eu qu'un bon numéro sur six !

ENFANT

Un sur six !... Ce n'est pas terrible, ça !

PAPA

Comme tu dis, oui : ce n'est pas terrible...

ENFANT

Eh bien moi, Papa, je t'ai battu, aujourd'hui !

PAPA

Battu ?... Pourquoi ?... Tu as joué au loto ?

ENFANT

Mais non !... Pas au loto !... Moi, j'ai joué en... orthographe...

PAPA

Et alors ?

ENFANT

Et alors, moi, j'ai eu 2 sur 10 !...

PAPA, *outré.*

2 sur 10 !! ?...

ENFANT

Ben, tu as bien eu 1 sur 6, toi !... Et en plus...

PAPA

Et en plus quoi?...

ENFANT

Et en plus, à moi, ça ne m'a même pas coûté un rond!...
Et toc!...

4

ENFANT

Dis, Papa, tu sais ce que ça mange, toi, un ornithorynque?...

PAPA

Un quoi???

ENFANT

Un ornithorynque...

PAPA

Quès aco, ça un ornitho... chose?...

ENFANT

Bon d'accord, j'ai compris : alors match nul, zéro à zéro!...

PAPA

Comment ça, «match nul, zéro à zéro»?...

ENFANT

Ben oui : toi *aussi,* Papa, tu aurais eu zéro en biologie!...
Alors, match nul, zéro à zéro...

5

ENFANT, *très heureux.*

Papa, Papa!... C'est formidable!...

PAPA

Qu'y a-t-il donc de «formidable»?...

ENFANT

Écoute-moi bien, Papa : en géographie, j'ai eu 20 sur 20, ce
matin!

PAPA

20 sur 20 !?... Alors là, bravo!...

ENFANT

Eh ben non, Papa!... Poisson d'avril!!! J'ai eu zéro, comme d'habitude!...

6

(Entrée de l'enfant, penaud et très inquiet.)

PAPA, *intrigué.*

Holà!... Dis-moi, toi... Tu m'as l'air bizarre...

ENFANT

Ben, forcément : ce matin j'ai fait le problème, faux, alors...

PAPA

Encore!!!

ENFANT

Eh oui, encore... Et bien sûr, j'ai eu zéro...

PAPA

Et allez donc!... Écoute-moi bien : la prochaine fois, tu as inté-rêt à te débrouiller...

ENFANT

« Me débrouiller »... C'est vite dit...

PAPA

Tu n'as qu'à copier sur ton voisin, mon vieux...

ENFANT, *fièrement.*

Alors là, Papa, pas question!...

PAPA

Ah! bon?... Pourquoi?...

ENFANT

«Copier», c'est justement ce que j'ai fait ce matin, alors...

7

ENFANT

Papa?...

PAPA

Oui?...

ENFANT

Je te dis mes notes?... Ou bien... je vais au lit, directement, sans souper?... Bon, ça va, j'ai compris... Bonne nuit, Papa... Bonne nuit...

8

ENFANT

Papa?... Tu es prêt?... Je vais te poser une charade...

PAPA

Je suis prêt, je t'écoute...

ENFANT

Alors... Mon premier est la première syllabe de « zébu »...

PAPA

Oui : « zé » !...

ENFANT

O.K. !... « zé »... Mon second est la dernière syllabe de « numéro »...

PAPA

« ro »...

ENFANT

Et mon tout, c'est la note que j'ai eue en orthographe. Tu as trouvé, Papa?... Ou bien « langue au chat » ?...

PAPA

Oh oui, que j'ai trouvé !...

ENFANT, *content de lui.*

Papa, j'ai une bonne nouvelle : grâce à moi, tu vas faire des économies…

PAPA

Tiens donc!… C'est nouveau, ça…

ENFANT

Parfaitement : des économies… d'énergie!

PAPA

Grâce à toi?… Et comment, je te prie?…

ENFANT

Avec ma note de sciences!… Je vais encore être privé de télé pendant huit jours, alors…

PAPA

Ah! Je comprends, maintenant…

ENFANT, *très « culotté ».*

Alors, Papa, comment on dit à son petit garçon (ou : à sa petite fille)?… On dit « merci »!!!

ENFANT

Papa, j'ai deux nouvelles à t'annoncer…

PAPA

Eh ben, je t'écoute, mon enfant…

ENFANT, *d'abord fièrement.*

Une « bonne »… *(Puis, en faisant la grimace.)*… et une « mauvaise »… Je commence par laquelle?…

PAPA

Commence par la « mauvaise « et garde la « bonne » pour la fin...

ENFANT

Bon d'accord!... Alors, la « mauvaise », c'est... C'est que j'ai fait trente fautes à la dictée...

PAPA, *effaré.*

Trente fautes!?!...

ENFANT, *désolé.*

Eh oui, trente...

PAPA

Eh ben, dis donc!... Et la bonne nouvelle, alors?...

ENFANT

La bonne nouvelle, c'est, qu'en plus, le maître m'a oublié trois fautes, en corrigeant!... Sympa, non?...

11

ENFANT, (FILLE) *innocemment.*

Papa, Papa, tu connais « la dernière »?

PAPA

Ben non, je ne connais pas « la dernière »... Je t'écoute...

ENFANT

Eh bien, « la dernière »... (*Elle fait une révérence.*)... C'est moi, Papa!...

12

ENFANT, *tristement.*

Papa... Hier, j'ai eu zéro en géographie...

PAPA

Allons, bon... Il y avait longtemps!...

ENFANT

Eh! oui, la maîtresse m'a demandé où se trouvait le Pérou…

PAPA

Et alors?… Qu'as-tu répondu?…

ENFANT

Ben, j'ai répondu : «Le Pérou se trouve en Afrique»…

PAPA, *dédaigneux.*

En Afrique, le Pérou!?… N'importe quoi!… Et pourquoi pas en Amérique du Sud! Ignorant !

13

ENFANT, *chantant.*

Au Clair de la Lune, mon petit Papa,
Du contrôle de dictée, j'ai le résultat.
Ma note n'est pas forte, je n'ai pas de pot,
C'est la catastrophe, car j'ai eu zéro!…

RIDEAU

Conte à rebours

par
Suzanne Rominger - Prud'homme

Présentation de la pièce

Cette pièce met en scène la rencontre de différents héros très classiques : le Petit Chaperon rouge, Blanche-Neige, le Chat botté, l'Ogre… Mais ces héros ont beaucoup évolué depuis leur création!

Le ton très impertinent et le langage parfois vert de cette pièce font qu'elle s'adresse plutôt à des élèves de CM ou de collège.

Liste des personnages

Quatre rôles masculins :
- Le Petit Poucet
- L'Ogre
- Le Prince charmant n° 1
- Le Prince charmant n° 2

Trois rôles féminins :
Le Petit Chaperon rouge ; Blanche-Neige ; La Belle au bois dormant.

Un rôle «mixte» : Le Chat botté.

Décors

La pièce se déroule entièrement dans une forêt. Un large fond peint par les enfants fera parfaitement l'affaire.

On ajoutera quelques éléments mobiles (en bois ou en carton) représentant des buissons ou des touffes de fleurs. Ces éléments serviront à dissimuler les personnages qui ne doivent pas être vus.

Du lierre (vrai ou faux) dissimulera la Belle au bois dormant.

Costumes

Le Petit Chaperon rouge : tout de rouge vêtu, sans oublier un béret ou une casquette. Un panier «garni» est nécessaire.

Le Petit Poucet : genre «enfant pauvre» habillé de vieux habits.

L'Ogre : son côté «brute épaisse» pourra être accentué par un tablier de boucher. Pour les besoins de l'intrigue, il sera en chaussettes et aura un couteau (factice).

Le Prince charmant n° 1 : style «jeune premier», plutôt bien habillé avec des vêtements modernes et un bouquet de fleurs.

Le Prince charmant n° 2 : style « motard-loubard » avec casque, blouson, bottes...

Blanche-Neige : identique au dessin animé ! Une panoplie de princesse conviendra parfaitement.

La Belle au bois dormant : elle doit également ressembler au personnage du dessin animé. Une couronne (ou diadème) est nécessaire.

Le Chat botté : habits plutôt sombres et collants. Bottes.

Accessoires

- Pour le Petit Chaperon rouge : un panier en osier, garni de nourriture qui sera consommée sur place. On y ajoutera un casse-croûte ou un chapelet de saucisses (en plastique) que le Petit Poucet dérobera dans le panier (scène 3) ;

- Pour l'Ogre : un grand couteau en carton ;
- Les bottes du Chat botté devront pouvoir être chaussées par l'Ogre ;
- La Belle au bois dormant sera recouverte de feuilles et de branchages (naturels ou en papier suivant les possibilités). Elle aura également une couronne de princesse ;
- Le Prince charmant n° 1 a un bouquet de fleurs ;
- Le Prince charmant n° 2 arrive avec un journal de petites annonces et deux casques de moto. On pourra, suivant les possibilités, le faire entrer en scène sur une moto (gros jouet électrique ou réalisation en carton) ou bien se contenter d'un enregistrement de « pétarade ».

Scène 1

Personnage : Le Petit Chaperon rouge

(La Belle au bois dormant dort en fond de scène, dissimulée sous un tas de branchages. Elle n'intervient pas avant la scène 6.)
(Le Petit Chaperon rouge est déjà sur scène – s'il y a un rideau – ou arrive et se présente, décontractée, très gentille, un peu naïve. Elle parle comme si elle racontait une histoire à des tout petits – style animatrice d'émission de télévision pour enfants.)

LE PETIT CHAPERON ROUGE

Bonjour ! Vous me reconnaissez ?... Je suis le Petit Chaperon rouge. Je vais chez ma mère-grand pour lui apporter des saucisses et du kouglof. *(Choisir des spécialités de la région ou une baguette et un camembert, par exemple.)*

Le problème, c'est qu'il commence à se faire tard et je ne sais plus du tout où je suis! Vous savez, tout à l'heure, j'ai rencontré mon copain Loulou : il est vraiment très sympathique, ce Loulou! Nous avons bavardé, bavardé, vous savez ce que c'est. Mais c'est bizarre : il voulait absolument savoir où habitait Mémé pour aller lui rendre visite. C'est gentil, vous ne trouvez pas?

Bon, ce n'est pas tout, mais moi, j'ai un petit creux... Heureusement que j'ai tout ce qu'il faut dans mon petit panier. *(Elle fouille.)* Oh, flûte! je n'ai pas de couteau... Tant pis, je m'arrangerai sans!

(Elle s'installe au pied d'un arbre et mange.)

Scène 2

Personnages : Le Petit Chaperon rouge - Blanche-Neige

(Blanche-Neige entre en scène en trébuchant, marche sur sa robe…
Très fâchée, elle fulmine contre elle-même…)

BLANCHE-NEIGE

Flûte alors!! J'ai failli déchirer ma robe. Il faut dire! C'est vraiment pas une tenue pour traîner dans la forêt… Et pis, i commence à faire nuit, j'ai la trouille, moi!…

Ras-le-bol de cette bonne femme! Elle voulait se débarrasser de moi sous prétexte que je suis mieux roulée qu'elle! Alors moi je me suis tirée!…

Ouais, mais maintenant, j'sais pas du tout où aller, et en plus, j'ai une de ces fringales…

(Le Petit Chaperon rouge chantonne en rangeant son panier. Elle n'a pas vu Blanche-Neige à l'autre bout de la scène.)

BLANCHE-NEIGE, *affolée.*

Eh! Qu'est-ce que c'est?

LE PETIT CHAPERON ROUGE, *se lève, très douce et très polie.*

Bonjour, comment tu t'appelles?

BLANCHE-NEIGE

Blanche-Neige. Salut. Et toi ?

LE PETIT CHAPERON ROUGE

Le Petit Chaperon rouge.

BLANCHE-NEIGE

Drôle de nom ! Ça vaut le mien ! Nos vieux, i se sont pas foulés !

LE PETIT CHAPERON ROUGE

Qu'est-ce que tu fais toute seule dans la forêt ?

BLANCHE-NEIGE

C'est à cause de ma belle-mère ! Elle arrêtait pas de me faire trimer comme une bête et elle m'attrapait tout le temps… Alors, je me suis taillée ! T'as pas un truc à grailler ?

LE PETIT CHAPERON ROUGE

À quoi ?

BLANCHE-NEIGE, *énervée.*

À grailler, à se mettre sous la dent, à manger, quoi !

LE PETIT CHAPERON ROUGE

Ah, tu as faim ! Mais il fallait le dire tout de suite ! Viens, j'ai un kouglof et des saucisses *(ou autres spécialités mises dans le panier).(Blanche-Neige, s'assied).*C'était pour ma grand-mère, mais, de toute façon, maintenant, c'est trop tard, et j'ai perdu mon chemin.

BLANCHE-NEIGE

T'as pas de moutarde avec ? *(Ou du ketchup – ou…)*

LE PETIT CHAPERON ROUGE

Non, je suis désolée : Mémé ne la (le) supporte pas…

BLANCHE-NEIGE

C'est nul !!… Mais on fera sans !

(Elle mange. Le Petit Chaperon rouge la contemple, attendrie.)

LE PETIT CHAPERON ROUGE

Tu aimes ?

BLANCHE-NEIGE, *La bouche pleine.*
   Mmh, c'est super!

Scène 3

Personnages : Le Petit Chaperon rouge - Blanche-Neige -
Le Petit Poucet

*(Le Petit Poucet arrive en rampant derrière un buisson et vole une saucisse
pendant que les deux filles discutent. Le Petit Chaperon rouge l'attrape
par le bras.)*

LE PETIT CHAPERON ROUGE
   Mais qu'est-ce que c'est que ce garnement?

BLANCHE-NEIGE
   Eh! oh! Tu fais quoi, là, bonhomme?

LE PETIT POUCET
   Pitié, mesdemoiselles! Ne me frappez pas! J'ai faim!

LE PETIT CHAPERON ROUGE, *maternelle.*
   Mais ce n'est pas un endroit pour un petit bout de chou
   comme toi, ici, à cette heure! Qu'est-ce que tu fais là?

LE PETIT POUCET, *s'essouffle en évoquant ses souvenirs.*
   J'étais chez l'ogre avec mes frères parce que nos parents
   nous ont oubliés dans la forêt. Mais quand j'ai vu le repas qui
   nous attendait hier soir… et la tête de l'ogre qui se léchait
   les babines en nous regardant et en astiquant son grand couteau, j'ai tout compris et je me suis sauvé avec ses bottes de
   sept lieues.
   Entre nous, j'aurais mieux fait d'attendre la fin du repas!

LE PETIT CHAPERON ROUGE
   Viens, j'ai encore quelque chose pour toi. *(Elle lui donne à manger.
   Il se jette sur la nourriture, fouille dans le panier. Le Petit Chaperon rouge rit.)*

BLANCHE-NEIGE, *ronchonne.*
   Dis donc, c'est plus un panier, c'est un libre-service! Alors, si
   j'ai bien compris, tu veux dire que l'ogre mange des gosses?

LE PETIT POUCET

Il paraît, c'est sa femme qui me l'a dit.

LE PETIT CHAPERON ROUGE

Mais c'est affreux! Il faut aller délivrer tes frères.

BLANCHE-NEIGE

T'es dingue! Pour passer à la casserole aussi! On fait pas le poids, nous trois!

(On entend un miaulement.)

LE PETIT CHAPERON ROUGE

Tiens, voilà Le Chat botté. C'est un ami, n'ayez pas peur. Il est un peu bizarre, il se mêle de tout, il sait tout, mais il est très gentil.

Scène 4

Personnages : Le Petit Chaperon rouge - Blanche-Neige - Le Petit Poucet - Le Chat botté

(Le Chat botté arrive en chantant. Vocalises – même fausses! – sur «Miaou », ou, si c'est possible, court extrait du «Duo des Chats » de Rossini, éventuellement en dansant un peu. Il peut entrecouper ses phrases de miaulements.)

LE CHAT BOTTÉ, *très jovial.*

Salut tout le monde! *(Voit Le Petit Chaperon rouge.)* Oh! Bonjour ma chérie! *(L'embrasse. Voit Le Petit Poucet.)* Oh! là, là! C'est toi, Le Petit Poucet? L'Ogre te cherche partout... Il a son grand couteau et il est dans une fureur noire!

LE PETIT CHAPERON ROUGE, *menaçante.*

Qu'il vienne un peu voir et il aura affaire à moi!

Scène 5

Personnages : Le Petit Chaperon rouge - Blanche-Neige - Le Petit Poucet
- Le Chat botté - L'Ogre

L'OGRE, *en coulisse. Voix de stentor.*

Je sens ici comme une odeur d'enfant… *(Il entre, voit Le Petit Poucet.)* Aah!!! Le voilà, celui-là !

(On peut faire jouer le passage à la manière de « Titi et Grosminet ». Dans ce cas, la scène sera plus cocasse si L'Ogre zézaie – s'il en est capable !)

LE PETIT POUCET

Au secours!! Au secours!!! L'ogre veut me manger!! *(Il perd une botte et se cache derrière Le Petit Chaperon rouge.)*

L'OGRE

Tiens, tiens, mais ça, c'est mes bottes! *(Il essaie d'attraper Le Chat botté qui veut intervenir.)*

LE CHAT BOTTÉ, *même jeu que Le Petit Poucet. Il se cache derrière Le Petit Chaperon rouge.*

Au secours!! À moi!!!

LE PETIT CHAPERON ROUGE, *s'interpose, indignée et très énergique.*

Vous n'avez pas honte!…

BLANCHE-NEIGE, *passe devant Le Petit Chaperon rouge, outrée.*

… Un grand costaud comme vous!…

LE PETIT CHAPERON ROUGE, *même jeu, rapide et très cadencé : au fur et à mesure, l'ogre recule, de plus en plus penaud.*

… S'attaquer à un tout petit garçon sans défense!…

BLANCHE-NEIGE, *idem.*

… Et à un pauvre artiste qui ne vous a rien fait!…

LE PETIT CHAPERON ROUGE, *idem. Ton de reproche.*

… Et il paraît que vous vous attaquez aux petits enfants!…

BLANCHE-NEIGE, *idem.*

… Comme s'il n'y avait pas assez de bœufs et de moutons!…

LE PETIT CHAPERON ROUGE, *idem.*

… Et de champignons dans la forêt !…

L'OGRE, *acculé au bout de la scène, tout ahuri par cette avalanche, l'air repentant.*

Je… je ne le ferai plus, c'est promis ! *(Dans un sanglot.)* Je vous… hou… hou… demande pardon… hon hon…

(L'Ogre s'appuie contre un arbre pour pleurer, laisse tomber son grand couteau que Le Petit Chaperon rouge ramasse, à nouveau toute guillerette.)

LE PETIT CHAPERON ROUGE

Chouette ! Un couteau ! Je vais pouvoir couper le kouglof *(ou le saucisson ou le camembert ou…).*

(Le Chat botté danse autour de l'arbre et, voyant que Le Petit Poucet est en chaussettes trouées, il lui donne ses bottes, puis il rapporte à l'Ogre les bottes de sept lieues qui traînaient sur la scène.)

Scène 6

Personnages : Le Petit Chaperon rouge - Blanche-Neige - Le Petit Poucet - Le Chat botté - L'Ogre - La Belle au bois dormant, *endormie.*

(On entend un ronflement. Tous écoutent puis, s'approchant du fond, découvrent une jeune fille endormie, complètement enveloppée de branchages et de ronces – du lierre fera très bien l'affaire.)

LE PETIT CHAPERON ROUGE

Mon Dieu ! Comme elle est jolie ! Mais pourquoi est-ce qu'elle dort là ? Eh ! Mademoiselle !

LE PETIT POUCET, *qui inspectait de plus près.*

Regardez ! C'est une princesse : elle a une couronne… *(Il la secoue énergiquement.)* Mademoiselle ! Princesse ! Rien à faire pour la réveiller…

LE CHAT BOTTÉ, *qui était resté un peu à l'écart pour faire des pirouettes – ou des vocalises selon le talent du comédien.*

Inutile de vous fatiguer, je la connais, c'est La Belle au bois dormant. Ça fait des années qu'elle est là et qu'elle dort !

L'OGRE, *qui s'est approché humblement en s'essuyant les yeux dans son tablier.*

Sans rien manger ?

LE CHAT BOTTÉ

Sans rien manger.

BLANCHE-NEIGE

Mais oui ! Je me souviens ! J'en ai entendu parler par mon grand-père. Il paraît qu'à cet endroit, dans le temps, il y avait un château. La fille du grand-père du roi avait été endormie par une méchante sorcière et depuis, mademoiselle pionce en attendant un prince charmant pour la réveiller.

LE PETIT CHAPERON ROUGE, *rêveuse.*

Oui, mais les princes charmants, de nos jours, ça ne court pas les rues !

LE CHAT BOTTÉ

Mais, j'y pense, j'en connais un ! Chez le marquis de Carabas…, son neveu. Il est toujours dans les nuages, à rêver ou à effeuiller des marguerites. Je vais le chercher : c'est tout près, j'en ai pour deux minutes.

L'OGRE

Tenez, mon petit, prenez mes bottes : vous n'allez pas vous présenter chez un marquis en chaussettes ! De toute façon, je les avais prises un peu étroites : elles me serraient sur les côtés…

LE CHAT BOTTÉ

Merci, monsieur l'Ogre, vous êtes un ange ! *Il les enfile.* Moi, je les trouve géniales ! Avec ce petit dessin sur le côté, c'est d'un chic… À tout de suite tout le monde ! Bisous, bisous !!!

(Il sort en faisant des pirouettes et en chantant.)

Scène 7

Personnages : Le Petit Chaperon rouge - Blanche-Neige - Le Petit Poucet

L'OGRE

Mademoiselle, eh ! mademoiselle ! Il faut vous réveiller ! Vous allez prendre froid !

LE PETIT CHAPERON ROUGE

Vous pensez, depuis le temps qu'elle est là !

L'OGRE

Ah oui, c'est vrai… Mais tout de même, une jeune fille comme ça, toute seule dans la forêt… *(Il fait mine de s'approcher.)*

BLANCHE-NEIGE

Eh vous ! Attention !

L'OGRE

Non, non, n'ayez pas peur, j'ai compris ! Je ne ferais plus de mal à une mouche.

LE PETIT POUCET

Et mes frères alors ?

L'OGRE

Ah, tes frères ? Ne t'inquiète pas pour eux : mes filles les trouvent tellement sympathiques qu'elles veulent les garder comme copains. Quand je suis parti, ils jouaient à cache-cache dans le jardin.

(On entend le chant du Chat botté.)

BLANCHE-NEIGE, *regarde au loin.*

Tiens ! Ils arrivent déjà ! *(Moqueuse.)* À croire qu'il l'attendait derrière sa fenêtre !

LE CHAT BOTTÉ, *fait une révérence à l'ancienne, très exagérée.*

Et voilà le prince charmant en question…

LE PRINCE CHARMANT N° 1, *extrêmement poli et timide – un bouquet dans une main, l'autre sur le cœur.)*

Bonjour mesdames, bonjour monsieur, bonjour jeune homme.

BLANCHE-NEIGE, *aparté ironique, en regardant les fleurs.*

C'est bien ce que je disais : il avait tout prévu !

LE PETIT CHAPERON ROUGE

Il paraît que cette princesse attend depuis des années que vous la réveilliez.

LE PRINCE CHARMANT N° 1

Oui, Oui ! Je suis au courant : mon oncle m'en a parlé et je l'ai vue plusieurs fois en rêve… Mais je ne savais pas où elle était et je l'ai cherchée partout ! Oh ! Comme elle est jolie… *(Il la secoue.)* : Mademoiselle, Mademoiselle !

LA BELLE AU BOIS DORMANT, *grogne.*

Mmh…*(Elle se retourne.)*

BLANCHE-NEIGE

Pas comme ça !

LE PRINCE CHARMANT N° 1, *lui chatouille les pieds.*

Mademoiselle ! Je suis le prince charmant.

LA BELLE AU BOIS DORMANT, *idem.*

Mmmh… *(Se rendort.)*

LE PRINCE CHARMANT N° 1

Je suis venu vous réveiller… *(Il lui fait du vent avec ses fleurs.)*

LE CHAT BOTTÉ

Mais non ! Il faut l'embrasser…

LE PRINCE CHARMANT N° 1, *timide.*

Vous croyez ?

TOUS

Oui ! Bien sûr !

LE PRINCE CHARMANT N° 1, *l'embrasse maladroitement sur l'oreille.*

Bonjour mademoiselle !

LA BELLE AU BOIS DORMANT, *se gratte l'oreille, furieuse.*

Ho là ! Que me voulez-vous, frêle damoiseau ?

TOUS

C'est le prince charmant… !

LA BELLE AU BOIS DORMANT

Ce freluquet ? Vous voulez rire ! Et c'est pour cela qu'on me réveille ? *(Bâille ostensiblement.)* Laissez-moi dormir.

(Le Petit Chaperon rouge et Le Chat botté vont vers La Belle au bois dormant pour essayer de la raisonner. Le Petit Poucet et L'Ogre peuvent faire un mime : Le Petit Poucet a encore peur de L'Ogre qui essaie de l'amadouer – Le Prince charmant n° 1 part tristement avec ses fleurs ; Blanche-Neige l'arrête.)

BLANCHE-NEIGE, *enjôleuse.*

Eh ! Beau gosse ! Elles sont jolies, tes fleurs… Tu me les donnes ?

LE PRINCE CHARMANT N° 1, *ravi.*

Oh oui, mademoiselle ! Tenez, mademoiselle !

(Ils se font les yeux doux et ne s'occuperont que distraitement de ce qui va se passer autour d'eux !)

 Scène 8

Personnages : Le Petit Chaperon rouge - Blanche-Neige - Le Petit Poucet - L'Ogre - Le Prince charmant n° 1- Le Prince charmant n° 2

(Pétarade de moto.
Arrive Le Prince charmant n° 2, casque, blouson, très déluré.
Il tient un journal de petites annonces et un deuxième casque qu'il pose sur le sol. Le Chat botté et Le Petit Poucet pourront s'en servir pour jouer.)

LE PRINCE CHARMANT N° 2

Salut la compagnie ! C'est ici qu'il y a une souris à réveiller ?

LE CHAT BOTTÉ, *très intéressé – cherche partout.*

Une souris ? Une souris ? Où ça ?

LE PRINCE CHARMANT N° 2, *lit.*

« Jeune fille bonne famille cherche jeune homme bien sous tous rapports pour la réveiller. Plus si affinités. S'adresser "Clairière du Château en ruines". » C'est bien ici, non ?

LE CHAT BOTTÉ

Oui, oui, c'est ici ! J'avais complètement oublié ! C'est moi qui ai mis l'annonce parce qu'elle m'empêche de me concentrer avec ses ronflements… Voilà la princesse… *(Révérence.)*

LE PRINCE CHARMANT N° 2

Une princesse! Génial! Ça tombe bien : les copains m'appellent Super Prince! *(Il la secoue.)* Hep, la meuf! Réveille-toi! J'ai pas que ça à faire.

LA BELLE AU BOIS DORMANT, *émerveillée.*

Oh… mon prince! Vous, enfin!… Êtes-vous venu sur votre fier destrier?

LE PRINCE CHARMANT N° 2

Sur mon quoi?

LE PETIT CHAPERON ROUGE, *pouffant de rire.*

Votre cheval.

LE PRINCE CHARMANT N° 2

Mon cheval! Tu parles, cocotte! Je suis venu sur ma Kawa 1100… Alors, tu t'amènes : on va aller tâter le bitume sur ma bécane.

LA BELLE AU BOIS DORMANT, *se lève en essayant de se sortir de la végétation, aidée des autres, sauf du Prince charmant n° 2 qui récupère son deuxième casque et l'astique.*

Il est très beau, mais il parle une langue étrange… Que dit-il?

LE PETIT CHAPERON ROUGE

Qu'il veut vous emmener faire un tour sur sa moto. C'est un truc dans le genre d'un cheval, mais en plus rapide…

L'OGRE, *paternel et inquiet.*

… Et très dangereux! Soyez prudent, jeune homme, ce serait dommage d'abîmer une jolie princesse comme cela, et qui revient de si loin…

LE PRINCE CHARMANT N° 2

T'inquiète pas, Papa : j'assure!

LA BELLE AU BOIS DORMANT

Je vous suis, mon prince…

LE PRINCE CHARMANT N° 2

Ben alors, poupée, il faut que tu enfiles ça! *(Il lui donne un casque.)*

LA BELLE AU BOIS DORMANT

La jolie coiffure! Comme c'est original! *(Elle jette sa couronne en riant ; Le Chat botté l'attrape au vol – il s'amusera à imiter la princesse.)*

LE PRINCE CHARMANT N° 2

C'est pas pour faire original, poupée : c'est pour pas t'éclater la cervelle au cas où on se crasherait!

LA BELLE AU BOIS DORMANT, *frappant dans ses mains comme une gamine.*

Je m'amuse! Je m'amuse!!

(Ils sortent. Tous regardent vers l'endroit d'où était venu Le Prince charmant n° 2. Pétarade de moto.)

LE CHAT BOTTÉ

Bon, en voilà une qui n'interrompra plus mes vocalises et mes entrechats…

L'OGRE

Si vous voulez, on va aller fêter ça chez moi, je vous invite tous!

LE PETIT CHAPERON ROUGE

Oui, oui, avec plaisir, monsieur l'Ogre…

BLANCHE-NEIGE ET LE PRINCE CHARMANT N° 1, *main dans la main.*

Merci, monsieur l'Ogre…

LE PETIT POUCET

D'accord, monsieur l'Ogre…

LE CHAT BOTTÉ

Comme vous êtes gentil, monsieur l'Ogre…

(Ils entourent L'Ogre, dansent autour de lui et sortent en farandole.)

R I D E A U

Comédies dramatiques

La Leçon de piano

par
Jacky Viallon

Présentation de la pièce

La scène se passe dans un salon où la mère de Charles, jeune pianiste, reçoit une amie, madame Piednu. Charles fera la mauvaise tête pour ne pas être obligé de faire la démonstration de son talent. On réalisera à la fin de la scène que Charles aime réellement le piano mais qu'il ne peut pas supporter l'exhibition.

Remarque

Il sera nécessaire de diffuser l'enregistrement d'un morceau de piano à quatre mains (CD ou cassette) à la fin de la pièce.

Liste des personnages

- La Mère
- Le Père
- Charles
- Madame Piednu
- Le Plombier

Un rôle d'enfant : Charles.

Quatre rôles d'adultes.

Le personnage de Charles pourra être interprété par une fille à qui l'on donnera un prénom féminin.

Décors

La scène se déroule dans un intérieur contemporain que l'on pourra plus ou moins bien meubler suivant les possibilités. Une table et quatre chaises composeront l'essentiel du décor. Un ou deux gros pianos en carton peint seront les bienvenus.

Costumes

Le père pourra avoir un costume, une chemise blanche et une cravate (ou un nœud papillon).
Le plombier aura une casquette, une salopette et une sacoche.
Les autres personnages n'auront pas de costume particulier.

Accessoires

– une théière et quelques tasses sur la table ;
– un enregistrement d'une sonate que l'on diffusera à la fin de la pièce.

La scène se passe dans une salle à manger ou dans un salon. Une femme reçoit une amie : madame Piednu. Elle lui sert du thé. À l'autre coin de la pièce, un gosse (ou une gosse) est assis dans un fauteuil. Il est replié sur lui-même et semble bouder.

LA MÈRE

… C'est que Charles va rentrer dans sa deuxième année de conservatoire de piano.

MADAME PIEDNU, *en regardant Charles avec gentillesse.*

C'est bien, c'est très bien !

LA MÈRE

Oui ! Il faut qu'il devienne un grand pianiste.

MADAME PIEDNU

Il va devenir un grand pianiste, comme son papa. Alors, ça te plaît, mon garçon, de vouloir jouer du piano ?

LE FILS

Non, je n'aime pas le piano !

LA MÈRE

Allons ! Allons ! Ne recommence pas tes comédies. *(Elle s'adresse à madame Piednu.)* Il s'est mis dans la tête qu'il n'aimait pas le piano ! *(Elle s'adresse de nouveau à son fils.)* Et puis, ne discute pas, tu seras pianiste comme ton père. Ton grand-père aussi était pianiste. *(En se retournant de nouveau vers madame Piednu.)* Avec tous les pianos dont on a hérités, il faut qu'il soit pianiste ! On ne va pas les vendre, tout de même !

LE FILS

Ils sont moches, ces pauvres pianos, on ne pourrait même pas les vendre, tout juste les donner ! Ils sont trop gros. Je n'ai jamais vu un instrument aussi balourd. Tenez, on dirait des éléphants !

MADAME PIEDNU

Oh ! Oh ! C'est trop drôle, voilà un petit qui a de l'humour ! *(Elle reprend sur le même ton.)* Les pianos… des éléphants ! Oh ! Oh !

LA MÈRE, *s'adressant à son fils avec autorité.*

Arrête! Je n'aime pas quand tu parles ainsi. D'ailleurs, tu vas jouer un morceau pour madame Piednu.

MADAME PIEDNU

Oh, oui, un morceau! Mais alors un tout petit morceau, juste pour goûter. Comme on est drôle aujourd'hui! Oh! Oh!

LE FILS

Aujourd'hui, il n'y a pas de petit ou de gros morceau. Je vais vous mettre un disque. C'est mon jour de repos. Je ne tape jamais sur un piano, le dimanche.

LA MÈRE

Aujourd'hui, c'est exceptionnel, nous avons de la visite! Madame Piednu voudrait entendre de la musique vivante. De la vraie musique, sur un vrai piano, interprétée par un pianiste qu'elle connaît et qu'elle peut toucher!

LE FILS

Ah, pour l'entendre, elle va l'entendre! Bong! Bong! *(Il fait mine de jouer avec violence.)* Vous appelez ça de la musique? Moi, j'appelle ça du bruit! Non seulement cet instrument ressemble à un pachyderme, mais de plus, il résonne comme un marteau. Quand je pense qu'il y en a qui paye pour venir entendre un concert d'enclumes…

LA MÈRE

Mais on n'a jamais dit que l'on ferait payer madame Piednu!

MADAME PIEDNU, *qui s'apprête à sortir son porte-monnaie.*

Ah, mais s'il faut payer, je paye. Il faut bien encourager les artistes, n'est-ce pas?

LA MÈRE

Pas question! Aujourd'hui, vous êtes en visite… C'est exceptionnel… Nous ne sommes pas au concert de fin d'année.

LE FILS

Oui, ce n'est pas marqué sur la porte : «Ici, concert permanent»! Chaque fois que quelqu'un vient, on me colle au piano.

Même le facteur est obligé de subir le piano. Avant de remettre une malheureuse lettre, il se croit toujours obligé d'écouter *Lettre à Élise*. Le pauvre, lui qui déteste les lettres et le piano!

D'ailleurs, dans l'immeuble, tout le monde déteste le piano. La preuve, quand je descends les escaliers, on m'appelle «Dong-Dong»!

Même les plus grands pianistes ont horreur du piano! Ils jouent parce qu'ils sont obligés. Parce qu'un jour, un vieil oncle a fait livrer un piano! Et comme les pianos sont trop lourds, ils restent définitivement chez les pianistes! Ainsi, les pianistes sont obligés de jouer toute leur vie des airs de pianos.

LA MÈRE

Allons, tais-toi! Si ton père t'entendait!

LE FILS

Lui aussi, il n'aime pas le piano… Il hait le piano, il tape sans regarder, il est doué, c'est tout… Mais il a horreur de cet instrument. Un jour, dans un concert, je l'ai vu mettre un journal à la place de sa partition!

LA MÈRE

Silence, tes histoires n'intéressent pas madame Piednu!

LE FILS

Si, si, elle s'intéresse à mes histoires, la madame Piednu. N'est-ce pas, madame Piednu, que vous n'aimez pas le piano? Avouez-le franchement et dites à ma mère que vous n'aimez pas ces gros éléphants vernis!

MADAME PIEDNU, *l'air un peu gêné.*

C'est vrai que… Enfin, je veux dire… Ce n'est pas l'instrument que je préfère.

(La mère part dans l'autre pièce pour aller chercher une boisson. Pendant ce temps, madame Piednu s'adresse en toute complicité au jeune pianiste et force un peu la voix pour être entendue par la mère.)

Certes, c'est gros! C'est lourd! Il faut toujours l'astiquer. Il ne faut rien renverser dessus, et je partage l'idée de votre fils: on croirait entendre des enclumes… Enfin, de petites enclumes ! Parfois même, des bruits de vieux ressorts… Franchement, des bruits de vieux ressorts dégonflés !

LE FILS

Bravo, madame Piednu ! Des bruits de vieux ressorts dégonflés ! C'est bien ce que je disais : des enclumes et des vieux ressorts ! Voilà le genre de musique que l'on m'oblige à fabriquer. Pire, on veut que j'en fasse mon métier !

MADAME PIEDNU, *elle parle à voix basse pour ne pas être entendu de la mère.*

Oh ! Petit malheureux ! Comme je vous comprends. Il ne faut jamais faire un métier que l'on n'aime pas. Tenez, moi, par exemple, je suis institutrice, eh bien, j'ai horreur des enfants ! *(Elle commence à s'énerver toute seule.)* Si je pouvais, je les passerais tous par la fenêtre !

LE FILS, *s'excitant également.*

Oui ! Oui ! Et je profiterais de cette fenêtre ouverte pour y balancer tous les pianos.

MADAME PIEDNU

Et les enfants n'en feraient qu'une bouchée, de ces gros pianos ! Ils ne mettraient pas longtemps à vous les désosser. Croyez-moi ! Vous lâchez une classe sur un piano et vous en êtes vite débarrassé. En quelques petites minutes, vous avez un tas de petites planches et deux ou trois jeux de dominos.

(La mère revient sur la pointe des pieds et vient de saisir la fin de la conversation.)

LA MÈRE

Oh ! là ! là ! Doucement ! Voilà que madame Piednu lui donne raison.

LE FILS

Mon père aussi me donne raison ! L'autre jour, il était dans le salon, et je l'ai entendu parler à voix basse à l'un de ses pianos : « Ah, si tu n'étais pas si gros, je te passerais bien par la fenêtre ! » Mais quand il m'a vu arriver, il a fait semblant de caresser le plus petit, et il m'a proposé de venir subir la dernière leçon de piano de la journée... Alors, on s'est mis à taper tous les deux, et l'on cognait comme des ânes qui tapent du sabot sur une planche! Chacun se disait en lui-même : «Maudit piano! Satané piano! Gros tas de piano!»

MADAME PIEDNU

Ce petit est vraiment trop drôle. Il est trop drôle! Mais alors, qu'est-ce que tu veux faire plus tard?

LA MÈRE

Piano! Piano!... madame Piednu. Il faut qu'il devienne pianiste et rien d'autre! Sinon que vais-je faire de tous ces pianos?

LE FILS

Justement!... Plus tard! je veux devenir... déménageur de piano!...

(On entend sonner à la porte.)

LA MÈRE

Qui est-ce? Mon Dieu, j'avais complètement oublié! C'est le robinet... Je veux dire, le plombier... La fuite, vite! Veuillez m'excuser madame Piednu, je vais lui indiquer la salle de bains. Je reviens de suite.

MADAME PIEDNU

Ah, quand on tient un plombier, il ne faut pas le lâcher! Dans une maison, il y a toujours des fuites. Je regrette bien de ne pas avoir épousé un plombier, cela m'éviterait bien du souci.

(La mère sort de scène, madame Piednu s'adresse alors en riant au jeune pianiste.)

MADAME PIEDNU

J'aurais dû épouser un plombier-pianiste... Oh... Comme je suis drôle aujourd'hui!

(La mère revient accompagnée du plombier, ils traversent la scène pour accéder à la salle de bains.)

LE PLOMBIER

Bonjour madame, bonjour jeune homme.

LA MÈRE

Vous tombez bien. Je vais laisser la porte de la salle de bains ouverte, aussi vous pourrez profiter de la musique. Mon fils allait offrir un petit air de piano à une amie en visite.

(Le plombier s'arrête brusquement au milieu de la pièce, il s'immobilise avec sa caisse à outils à la main.)

LE PLOMBIER

Du piano ?

LA MÈRE

Tu vois ! Monsieur le plombier est tout à fait ravi de pouvoir t'écouter… Tu as déjà un petit public. Allez, venez-vous asseoir avec nous, la fuite attendra bien quelques notes de plus.

(Le plombier amorce un demi-tour et s'apprête à repartir.)

LE PLOMBIER

Excusez-moi si je vous quitte, mais j'ai horreur du piano. S'il y a un instrument que je ne peux pas supporter, c'est bien celui-là. Tenez ! Si je dois entendre cette horrible caisse… je préfère m'en aller. Je ne risque pas de travailler en écoutant cet instrument.

MADAME PIEDNU, *qui s'adresse à la mère en approuvant le plombier.*

Vous voyez… lui aussi, il fait une allergie au piano !

LA MÈRE

Un petit peu de piano n'a jamais fait de mal ! Allons, allons, qu'avez-vous tous contre le piano ?

LE PLOMBIER

J'ai été marié quinze ans à une pianiste. Vous m'entendez, quinze ans de piano dans les oreilles ! Piano matin, midi et soir ! Parfois même, en plein milieu de la nuit ! Et pendant les vacances : location de piano, à la mer… et même à la montagne !

MADAME PIEDNU

Je comprends très bien votre problème. Trop, c'est trop ! Et puis quinze ans de mariage, je veux dire quinze ans de piano… C'est long… Remarquez, pour les enfants, c'est très éducatif…

LE PLOMBIER

Ne me parlez surtout pas d'enfants! J'ai trois fils de seize, quatorze et douze ans. Tous les trois font du piano avec des niveaux différents. J'ai la tête comme une enclume!

LE FILS, *se réjouissant.*

Ça y est, il l'a dit… « l'enclume »… Bravo monsieur le plombier! *(Il lui serre la main.)*

LE PLOMBIER

L'enclume… Le piano… C'est une maison de fous… Je ne vais pas travailler chez les fous! Pas étonnant que vous ayez des fuites!

(Il sort en courant sans saluer.)

LA MÈRE

C'est lui qui est fou! Il a fallu que je tombe sur un fou plombier qui n'aime pas le piano. Et ma fuite?

LE FILS

Il n'est pas fou, il est normal. Quinze ans de piano. Trois gamins pianistes! C'est complètement piano… Euh! Complètement normal!

MADAME PIEDNU

Votre fils a raison. Ce pauvre homme s'échappe de chez lui pensant trouver un peu de repos dans le travail et voilà que vous voulez lui infliger de la « pianoterie ». C'est très maladroit de votre part. Vous venez de perdre un plombier, et comme on le disait tout à l'heure… *(Elle est coupée par le fils.)*

LE FILS

Oui, c'est malin, à cause de ce concert raté on va vivre avec une fuite. On ne va pas arrêter de se promener avec des bassines.

(Arrive le père qui vient d'entrer.)

LE PÈRE, ARMAND

Bonjour tout le monde…

LA MÈRE

Bonjour Armand! Alors ce nouveau concert, comment s'est-il passé?

(Le père ne répond rien, il est visiblement contrarié. Il montre ses deux mains. Deux gros pansements entourent les deux majeurs.)

LA MÈRE

Mon Dieu, qu'est-il arrivé?

LE PÈRE

Un couvercle.

MADAME PIEDNU, *très naïvement.*

Quel genre de couvercle? Un couvercle de boîte de conserve?

LE PÈRE, *qui se contient pour rester poli envers madame Piednu; il parle toutefois suffisamment fort pour faire comprendre qu'il est exaspéré.*

Un couvercle de piano, évidemment… Splatch! Sur les doigts… À cause d'un morceau de musique contemporaine… J'ai pris trop d'élan. J'ai tapé trop fort… Splatch! Les doigts! Un gros piano… Avec un é-nor-me couvercle… sur mes petits doigts. SATANÉE MUSIQUE! *(Il se met à hurler.)* MAUDIT PIANO! MAUDIT PIANO!

LA MÈRE

Allons! Allons! Tu ne vas pas t'énerver pour un couvercle! Prends plutôt une tasse de thé avec nous. *(Le père s'assied à la table.)*

MADAME PIEDNU, *s'adressant au père pour tenter d'amorcer la conversation.*

Les couvercles sont imprévisibles! Tenez!… moi, l'autre jour, je me suis fait mordre le pied par la poubelle de la cuisine… Comme ça, hop! Le pied gauche… Croyez-moi…

(Elle s'arrête, s'apercevant que personne ne l'écoute. Tout le monde boit le thé en silence. Charles en a profité pour quitter la pièce discrètement. Quelques instants plus tard, on entend une belle musique jouée au piano. Le son vient d'une autre pièce.)

LA MÈRE

Qu'est-ce que c'est?

MADAME PIEDNU, *en riant très fort.*

Du piano! Du piano! Voyons, toujours du piano!

LA MÈRE

Mais…

LE PÈRE

Tu sais très bien que Charles ne peut pas rester une heure sans jouer du piano! Bon! Je vais le rejoindre, nous devons attaquer ensemble un nouveau morceau. Au revoir, madame Piano… Pardon, madame Piednu… Un jour, mon fils et moi, nous vous jouerons un petit concert… Un petit concert rien que pour vous.

(Le père quitte la pièce et va rejoindre son fils. Quelques instants après, on entend de nouveau un joli morceau interprété au piano.)

RIDEAU

Marie

Par
Claudio Ponté

Présentation de la pièce

Sandrine revient chez elle avec Marie, une camarade d'école. Les parents de Sandrine réalisent rapidement que Marie vient d'un milieu particulièrement défavorisé. Ses parents sont au chômage et la famille habite une caravane. Oscillant entre rejet et pitié, la mère de Sandrine parviendra, avec l'aide de sa fille, à accepter cette différence.

Remarque

Cette pièce devra faire l'objet d'un important travail de compréhension avec les enfants (surtout si une « petite Marie » fait partie du groupe). Il est nécessaire que tous comprennent, analysent et s'expriment sur la situation de Marie, ainsi que sur la réaction de la mère de Sandrine. Ce travail pourra bien sûr déboucher sur une réflexion plus large concernant le chômage et l'exclusion.

Liste des personnages

◆ La Mère
   (de Sandrine)   à partir du CM.
◆ Le Père
   (de Sandrine)   à partir du CM.
◆ Marie   à partir du CE2.
◆ Sandrine   à partir du CE2.

Deux rôles d'enfants : Sandrine et marie.

Deux rôles d'adultes : les parents de Sandrine

On peut aussi mettre en scène deux garçons (ou un garçon et une fille). Quelques légères modifications du texte seront alors nécessaires.

Décors

Les quatre premières scènes se déroulant dans une cuisine, un fond peint correspondant peut être envisagé. Les comédiens devront également disposer d'une table et de quatre chaises.

La dernière scène se déroule « sur le chemin de l'école ». On pourra donc créer un fond correspondant ou réutiliser le fond d'une autre pièce (un décor de rue par exemple).

Costumes

Sandrine et ses parents seront plutôt bien habillés, voire chics.
Marie est au contraire mal habillée et peu soignée (sans cependant trop forcer le trait).

Accessoires

Tout le nécessaire pour un goûter destiné à des enfants :
– deux bols ;
– une bouteille de lait ;
– un pot de confiture ;
– du pain ;
– un paquet de céréales ;
– quelques cuillers.
Prévoir, pour la dernière scène, deux ou trois « billets » de cirque (des prospectus de couleur feront parfaitement l'affaire).

Scène 1

Personnages : Sandrine - La Mère - Marie

(Sandrine rentre chez elle, suivie par la petite Marie intimidée.)

SANDRINE

Bonjour, maman !

LA MÈRE

Bonjour, ma petite... *(À Marie.)* Bonjour !

(La mère fait mine de s'approcher de Marie mais s'en écarte vivement en grimaçant à cause de l'odeur... Attitude qu'elle aura tout le long de la scène.)

SANDRINE

C'est Marie, tu sais...

LA MÈRE

Ah oui, celle qui n'a pas de parents.

SANDRINE

Mais non !

(Marie fait « oui » avec la tête puis se reprend et fait « non » de la même manière.)

LA MÈRE, *à sa fille.*
Elle ne parle pas ?

SANDRINE
Mais si... Marie, n'aie pas peur.

MARIE, *rougissante.*
Je suis pas orpheline.

LA MÈRE, *à sa fille.*
Tu m'avais dit que...

SANDRINE, *s'impatientant.*
Maman, tu n'as rien compris. Marie n'a pas de domicile fixe,
c'est tout.

LA MÈRE, *choquée.*
Une SDF ! ...

SANDRINE
Fais pas cette tête-là, c'est pas une maladie. *(À Marie.)* Je t'avais
prévenue... Tu veux du thé ou du chocolat ?
(Marie indique avec son doigt ce qu'elle souhaite.)

SANDRINE
Du chocolat, bon... Moi, c'est du thé. Tu sais chez nous on est
très *« tea of clock »*... Ça veut dire « thé » en anglais.

LA MÈRE
Sandrine, je t'en prie.

SANDRINE
Froid ou chaud, ton lait ?
(Marie écarquille les yeux...)

SANDRINE, *riant.*
Bon, c'est chaud !

LA MÈRE, *sévère.*
Vous êtes-vous lavées les mains ?

SANDRINE
Oui, ma-man...

LA MÈRE, *à sa fille.*
Elle est dans ta classe?

MARIE, *regard malicieux.*
Oui...

SANDRINE, *rectifiant.*
Non... mais elle voudrait bien.

LA MÈRE, *soulagée.*
Ah...

(*Le bol de Marie – encore vide – se renverse...*)

LA MÈRE
Attention!

(*Elle le rattrape de justesse.*)

SANDRINE
C'est pas grave... Il n'y avait pas de lait dedans. Le lait c'est quand même plus important que le bol, non?

LA MÈRE
Attention à la confiture... Ne mettez pas des céréales partout.

SANDRINE
Écoute, maman, laisse-nous goûter tranquillement, s'il te plaît.

LA MÈRE
Bon, bon, je vous laisse.

(*Un temps. Les filles poursuivent leur goûter. Marie s'empiffre...*)

LA MÈRE, *inquiétude soudaine.*
Ah... Vous allez jouer où?

SANDRINE
Dans ma chambre.

LA MÈRE
Il n'en est pas question, vous allez tout salir!

Personnages : Sandrine - La Mère - Marie - Le Père

(Le père entre.)

LE PÈRE

Bonjour tout le monde !... *(Il embrasse sa fille, sa femme, et grimace...)*
Tiens, ça ne sent pas la rose. Tu as fait du poisson à midi ?

LA MÈRE

Non !
*(Par signes, elle tente de faire comprendre à son mari que c'est la copine
de leur fille qui sent mauvais. Mais le père n'y prête pas attention.)*

SANDRINE

Papa, c'est Marie !

LE PÈRE

Salut, Marie.

SANDRINE

C'est ma nouvelle copine.

LA MÈRE, *lançant un regard alarmé au père.*
Une SDF...

LE PÈRE, *à Marie.*
Ton papa est au chômage ?

MARIE, *secouant la tête.*
Il est banquier.

LE PÈRE

Diable, voilà une profession intéressante.

LA MÈRE, *dénigrant.*
Il trie le courrier à la banque... *(À Sandrine.)* C'est bien ce que
tu m'as dit, l'autre jour ?

SANDRINE

Seulement il a été licencié, alors maintenant ils dorment dans
une caravane.

LA MÈRE, *à son mari.*
> Elle ne sait pas lire...

LE PÈRE, *à Sandrine.*
> Une caravane, ça me fait penser au cirque!

LA MÈRE
> Elle ne sait pas écrire non plus...

SANDRINE
> Papa, c'est ma meilleure copine.

LA MÈRE, *même jeu.*
> Elle ne parle pas...

LE PÈRE, *à Marie, avec humour.*
> Enchanté, « Meilleure Copine ».

LA MÈRE
> Et en plus... *(À son mari, criant.)* Mais tu m'écoutes quand je te parle?
>
> *(Tout à coup, Marie renverse volontairement le bol de chocolat bourré de céréales.)*

LA MÈRE, *rattrapant le bol de justesse.*
> Ma porcelaine!... *(Parlant de Marie.)* Mais elle est folle!

LE PÈRE, *avec humour, à sa fille, en parlant de sa femme.*
> Quel réflexe!

LA MÈRE
> Elle l'a fait exprès!
>
> *(Marie renverse volontairement le pot de confiture...)*

LA MÈRE
> Oh! Mais c'est le Mal incarné!... Sale petite souillon!
>
> *(Marie sort en claquant la porte de la cuisine.)*

Personnages : Le Père - La Mère - Sandrine

(Même lieu. Un long silence. Puis Sandrine se met à sangloter.)

LE PÈRE, *touché, vers sa fille.*
> Ma petite chérie...

SANDRINE
> Papa, je ne voudrais pas que tu sois SDF!

LE PÈRE
> T'inquiète pas, mon petit trésor...

SANDRINE
> Parce que... je ne pourrais plus aller chez mes copines.

LE PÈRE
> Pourquoi?

SANDRINE
> Parce que les mamans n'aiment pas les SDF!

(Elle sort en courant.)

Scène 4

Personnages : Le Père - La Mère
(Même lieu.)

LE PÈRE
> Tu as exagéré.

LA MÈRE
> Non mais tu te rends compte, ta fille avec... ça!

LE PÈRE, *choqué.*
> C'est la copine de ma fille!

LA MÈRE
> C'est une... une souillon!

LE PÈRE

Non, c'est une enfant... *(En colère.)* Essaie un peu de te mettre à la place des autres, pour une fois !

LA MÈRE

Dis tout de suite que je n'ai pas de cœur !

LE PÈRE, *avec violence, hors de lui.*

À côté de ta fille, tu es un glaçon !

LA MÈRE

Oh !

(Sidérée, elle s'enfuit de la cuisine.)

—————————————— *Scène 5* ——————————————

Personnages : Sandrine - Marie - La Mère
(Sur le chemin de l'école.)

SANDRINE

Oh ! là, là ! Papa était rouge de colère... Et puis j'ai entendu maman pleurer.

MARIE

Pour de vrai ?

SANDRINE

Oui... Tu sais, des fois, elle ne se rend pas compte. Elle dit toujours : « Il faut payer le garage, payer les impôts et la femme de ménage... »

MARIE

Tout ça ? Mais vous êtes riches !

SANDRINE

Et papa en rajoute : *(Elle chantonne.)* « ... les sports d'hiver, la maison secondaire, le coiffeur... ». Qu'est-ce qu'on rigole avec papa !

MARIE

Alors ta maman est malheureuse?

SANDRINE

J'ai pas dit ça... Et puis tu sais quoi? Ce matin elle m'a dit : « Je suis désolée pour ta copine... »

MARIE

Qu'est-ce que ça veut dire?

SANDRINE

Ça veut dire qu'elle regrette... Tu viens goûter chez moi?

MARIE

J'ai pas envie.

(La mère entre en scène.)

SANDRINE

Maman!

(La mère embrasse Sandrine, puis sort des billets pour le prochain spectacle de cirque.)

SANDRINE, *touchée.*

Des places pour le cirque!... Oh, maman!... *(Folle de joie.)* Il y en a une pour toi aussi, Marie, regarde!

(Sandrine donne le billet à Marie. Celle-ci, réticente, finit par le prendre. Elles font quelques pas, Sandrine donnant la main à sa mère et à Marie.)

MARIE

Je dois demander à mes parents.

SANDRINE

Ils diront oui, j'en suis sûre! Oh, ça sera chouette!

(La mère vient se placer doucement entre les deux filles... Elles sortent toutes les trois en se tenant la main.)

R I D E A U

Le Cœur sur la patte

par
Claudio Ponté

Présentation de la pièce

Julien et Émilie viennent rendre visite à leur vieil instituteur à la retraite. Celui-ci a un chien dressé qui lui apporte chaque jour le journal. Or, depuis quelque temps, le chien Bébert prend l'argent mais ne rapporte plus le journal. Les deux enfants apprendront alors que Bébert vient en aide à une vieille dame maltraitée. Celle-ci apportera un peu plus tard un rayon de soleil dans la vie du vieil enseignant.

Liste des personnages

- ◆ Le Vieil Instituteur à partir du CM.
- ◆ Julien à partir du CE2.
- ◆ Émilie à partir du CE2.
- ◆ Le Chien Bébert à partir du CE1.

Deux rôles d'enfants :
Émilie et Julien.

Un rôle d'animal : le chien Bébert.
Un rôle d'adulte : l'instituteur.

Décors

La pièce se déroule entièrement dans le salon du vieil instituteur. On pourra cependant se contenter d'un bureau, d'une chaise et de quelques livres.

Costumes

Pas de costumes particuliers pour les personnages «humains».
Le chien Bébert pourra être un garçon (ou une fille) habillé(e) d'un survêtement de couleur sombre et portant un masque de chien.

Accessoires

– Un journal pour la scène 2.

Scène 1

Personnages : Le Vieil Instituteur - Julien - Émilie

LE VIEIL INSTITUTEUR
Julien, Émilie! Quelle belle surprise!

LES DEUX ENFANTS, *ensemble.*
Bonjour, maître!

JULIEN
Je connais la table de Pythagore sur le bout des doigts.

ÉMILIE
Et moi, le COD et le COI!

LE VIEIL INSTITUTEUR
Comme vous êtes gentils… gentils avec un « s »!… Mais l'école est finie pour moi. Je suis à la retraite.

ÉMILIE
Qu'est-ce que vous avez à la jambe?

LE VIEIL INSTITUTEUR
Bah, elle m'embête un peu.

ÉMILIE
Elle est gonflée. C'est pour ça que vous êtes triste?

LE VIEIL INSTITUTEUR
Oh non, à part ça, je vis en paix, en attendant de faire le grand saut… Votre visite me touche beaucoup.

JULIEN
Alors, qu'est-ce qui ne va pas?

(Le chien Bébert fait son intéressant…)

ÉMILIE
Il est dressé?

LE VIEIL INSTITUTEUR
Oui, toute ma vie j'ai éduqué les enfants pour qu'ils devien-

nent de bons et d'honnêtes citoyens. Ça a été plus fort que moi : j'ai dressé Bébert.

ÉMILIE, *se moquant gentiment.*
Il sait lire ?

JULIEN, *en rajoutant.*
Et compter ?

ÉMILIE
Et aussi la géométrie ?

LE VIEIL INSTITUTEUR
Non, rien de tout ça !… Il m'apporte mes pantoufles et mes chaussures.

(Bébert sent qu'on parle de lui et fait son numéro de séduction devant Émilie, comme s'il était un vrai garçon.)

JULIEN
Mais cela n'explique pas votre tristesse, maître.

LE VIEIL INSTITUTEUR
Je vois que tu es toujours aussi observateur, Julien.

(Il se masse un peu la jambe.)

ÉMILIE
Votre jambe vous fait mal ?

LE VIEIL INSTITUTEUR
Non, ce n'est rien… Le médecin n'y comprend rien, et moi non plus.

ÉMILIE
Plus tard, je serai médecin.

LE VIEIL INSTITUTEUR, *avec humour.*
Un médecin qui comprend quelque chose à la médecine, j'espère…

JULIEN
Maître, dites-nous ce qui ne va pas. Nous voulons vous aider.

LE VIEIL INSTITUTEUR

D'accord, c'est vraiment gentil. Voilà l'affaire : d'habitude, je descends tous les jours acheter mon journal au kiosque. Moi, sans les informations, je ne vis plus. J'aime bien savoir ce qui se passe dans le monde. En bien ou en mal.

ÉMILIE

Il y a la télé pour ça.

LE VIEIL INSTITUTEUR

Je m'endors devant !… Et puis j'aime lire le journal, c'est ma seule distraction. Vous savez, je vis seul ici, au cinquième étage, sans ascenseur…

ÉMILIE

Personne ne peut vous le monter ?

LE VIEIL INSTITUTEUR

Je n'ai pas les moyens de payer quelqu'un. Alors j'ai eu une idée : je glissais une pièce dans la bouche de Bébert et c'est lui qui descendait acheter le journal à ma place. Mais depuis quelques jours, le vendeur refuse de donner le journal. Pourtant, je le paie à chaque fois.

JULIEN, *intrigué.*

C'est étonnant, ça : un vendeur de journaux qui ne veut pas vendre ses journaux…

ÉMILIE

Que devient la pièce ?

(Bébert se met à s'agiter de joie…)

LE VIEIL INSTITUTEUR

Mystère !

JULIEN

Eh bien ! nous allons essayer de résoudre ce mystère !

ÉMILIE

Faites-nous confiance, on va y arriver !

(Ils sortent…)

Scène 2

Personnages : Julien - Le Vieil Instituteur - Émilie

(Même lieu. Le jour suivant.)

JULIEN

> Maître, nous avons fait notre petite enquête. Nos soupçons se portent sur... Bébert !

LE VIEIL INSTITUTEUR

> Lui ? Mais c'est un chien !

JULIEN

> Peut-être, mais c'est lui que vous envoyez acheter le journal.

ÉMILIE

> Hier matin, il est entré dans la boulangerie. Il a déposé la pièce sur le comptoir et s'est emparé d'un gâteau.

LE VIEIL INSTITUTEUR, *stupéfait, s'adressant au chien.*

> Tu as fait ça, toi ? Mon journal contre un gâteau !

JULIEN

> Votre chien vous trompe.

LE VIEIL INSTITUTEUR, *à Bébert.*

> Mais explique-toi, nom d'un chien !

ÉMILIE, *malicieuse.*

> Vous oubliez qu'il ne sait pas parler.

> *(Bébert a l'air penaud.)*

JULIEN

> Ensuite il a descendu la rue jusqu'à un souterrain...

LE VIEIL INSTITUTEUR, *au chien Bébert.*

> Comme ça, je ne peux plus te faire confiance.

ÉMILIE

> Non, attendez... *(À Bébert.)* Dans ce souterrain, il y a... une chienne.

> *(Bébert fait non et oui, puis vice versa...)*

LE VIEIL INSTITUTEUR, *en colère.*

Il se moque de vous! Je vais l'envoyer à la fourrière.

(Bébert fait mine de s'enfuir…)

LE VIEIL INSTITUTEUR, *à Bébert.*

Stop! Ne bouge pas!

ÉMILIE

Bébert, si tu veux qu'on croit à ton innocence, apporte-nous des preuves.

(Le chien s'échappe et sort.)

LE VIEIL INSTITUTEUR

Le voleur s'enfuit, il a peur!

ÉMILIE

Non, faites-lui confiance.

JULIEN

J'ai l'impression que vous allez avoir une surprise…

LE VIEIL INSTITUTEUR, *soupçonneux tout à coup.*

Quel jeu faites-vous tous les deux?

(Bébert réapparaît avec un journal qu'il tend à son maître.)

LE VIEIL INSTITUTEUR, *repoussant le journal.*

Voleur!… Tu m'as fait ça, à moi qui t'ai montré le bon chemin!

(Émilie ramasse le journal et le tend au maître.)

ÉMILIE

Lisez, maître.

LE VIEIL INSTITUTEUR, *lisant.*

« La Palme d'or du festival de Cannes… » *(Bébert manifeste… L'instituteur saute l'article…)* « Une mamie sauvée par un… » Mais c'est Bébert! Regardez la photo, c'est mon chien!

ÉMILIE, *lisant.*

« Une mamie tyrannisée par ses enfants dormait depuis quelques jours dans un souterrain. Un chien inconnu lui apportait un gâteau… »

LE VIEIL INSTITUTEUR, *ému.*

C'est Bébert!... Oh, pardon! La colère m'a aveuglé!... Les enfants, ne vous laissez pas emporter par la colère...

(Il câline son chien.)

LE VIEIL INSTITUTEUR, *fronçant tout à coup les sourcils.*

Une mamie tyrannisée? Mais c'est une honte!... Il faut faire quelque chose!

JULIEN

Pour le moment, elle se repose à l'hôpital.

ÉMILIE, *suggérant une idée.*

Elle voudrait bien vous remercier...

LE VIEIL INSTITUTEUR

Mais de quoi? de rien, c'est tout naturel...

(Le chien s'agite de joie et cherche à l'entraîner dehors.)

LE VIEIL INSTITUTEUR

Elle a fait ta conquête, on dirait... D'accord, on va lui rendre une petite visite à l'hôpital.

ÉMILIE, JULIEN

Super!... Formidable!

LE VIEIL INSTITUTEUR

Courez devant, j'arrive!

(Les enfants sortent. Il reste seul, se lève.)

LE VIEIL INSTITUTEUR, *s'imaginant devant la Mamie.*

«Salut, mamie, ça va?»... Non, non. *(Autre ton.)* «Mes respects, chère Madame...» *(Semblant écouter respectueusement.)* «Oui, c'est mon chien Bébert... De rien, c'est tout naturel!»

(Il se met à chantonner, se repeigne, prend un bouquet de fleurs dans un vase.)

J'arrive, les enfants!

(Il sort, tout guilleret.)

R I D E A U

La Cave

par
Jean-Paul Rousseau

Présentation de la pièce

Dans une ville ravagée par la guerre, deux enfants ont trouvé refuge dans une cave. Ils attendent leur mère partie chercher du pain. Arrive Peter, un garçon étrange qui prétend voler. Lorsque des gaz mortels envahiront la cave, Peter emmènera les petits réfugiés vers un autre monde...

Remarque

La cave est une pièce intensément dramatique. Elle montre des enfants victimes d'une guerre dont on ne connaît rien, d'une guerre qui les a transformés en simple gibier à la merci de chasseurs invisibles. Ne pouvant s'enfuir, ils tentent de s'échapper vers un monde imaginaire dont les gaz mortels ouvriront les portes.

Cette pièce doit être travaillée en profondeur avec de jeunes comédiens. Il sera nécessaire d'aller au-delà du texte afin que les traumatismes évoqués mènent à une prise de conscience du phénomène de la guerre et de ses conséquences. Ce travail devrait aider le jeune comédien à mieux interpréter son rôle, tout en le protégeant d'une identification psychologiquement indésirable.

Liste des personnages

◆ Vincent,
le grand frère   à partir du CM.
◆ Laura,
sa petite sœur   à partir du CE2.
◆ Peter   à partir du CM.
◆ Margot   à partir du CE2.

Deux rôles d'enfants jeunes : Laura, Margot.

Deux rôles d'enfants plus âgés : Vincent, Peter.

Quatre acteurs sur scène + deux voix d'adultes (voix *off* ou enregistrées).

Décors

La pièce se déroule entièrement dans une cave détruite par des bombardements. Un fond peint représentant un mur de pierres noircies avec un soupirail sera suffisant. On pourra ajouter quelques parpaings contre lesquels les enfants se blottiront pour se protéger.

Costumes

Les enfants seront plutôt sales et habillés de vêtements déchirés.

Accessoires

– un enregistrement de bruits de guerre sera diffusé par intermittence ;
– un enregistrement des voix *off*, sauf si les textes sont dits par des comédiens depuis les coulisses ;

– un appareil à fumée (on peut en louer dans les magasins spécialisés en accessoires de cinéma/théâtre... à moins d'en emprunter un au théâtre communal ?). À défaut, un fumigène ou un feu de bengale brièvement allumé en coulisse pourra être utilisé (Mais attention à respecter les règles de sécurité !). L'essentiel est de suggérer le gaz par une fumée qui peut être très légère.

(Bruit infernal de canons, d'avions, de rafales d'armes automatiques. Deux enfants, Vincent et Laura, sont serrés l'un contre l'autre et se bouchent les oreilles.
Soudain le vacarme cesse. Les deux enfants en prennent progressivement conscience. Ils s'écartent un peu l'un de l'autre.)

VINCENT

Tu entends ? On dirait que ça s'est arrêté.

LAURA

Oui. Tu crois qu'on va pouvoir sortir ?

VINCENT

Sortir ?

LAURA

Ben oui, sortir ! Depuis le temps qu'on est dans cette cave !

VINCENT

Tu sais ce que maman a dit.

LAURA

Oui.

VINCENT

Il faut qu'on reste cachés ici en attendant qu'elle revienne.

LAURA, *elle se tait un instant.*

Vincent ?

VINCENT

Qu'est-ce qu'il y a encore ?

LAURA

Ça fait longtemps qu'elle est partie !

VINCENT

Écoute Laura, elle est allée chercher à manger. Tu as bien vu hier soir : on n'avait presque plus rien.

LAURA

Mais pourquoi elle ne nous a pas emmenés ?

VINCENT

C'est trop dangereux pour nous.

LAURA

Et pour elle, c'est pas dangereux ?

VINCENT

Si. Mais maman est maligne. Personne ne pourra lui faire de mal ! Jamais ! Tu te souviens quand elle nous avait rapporté du pain frais ?

LAURA

Oui. Tu crois qu'elle va en avoir, aujourd'hui ?

VINCENT

Peut-être.

(On entend un bruit de pas précipités.)

VINCENT, *il se lève.*

Tiens, la voilà !

(La porte s'ouvre. Entre un garçon un peu plus grand que les deux enfants. Il fait quelques pas et voit Vincent et Laura qui le regardent, stupéfaits et inquiets.)

GARÇON, *agressif.*

Qu'est-ce que vous fichez là ?

VINCENT, *s'essayant à être courageux.*
> On est chez nous.

GARÇON
> Chez vous ?

LAURA
> Maman va bientôt arriver. Tu vas voir.

GARÇON
> Voir quoi ? J'ai pas peur de ta mère !

> *(Un tir d'armes automatiques l'interrompt. Vincent et Laura se jettent dans un coin, le garçon se colle contre le mur. Le tir s'arrête. Les enfants se détendent. Vincent et Laura se rapprochent du garçon.)*

LAURA
> Comment tu t'appelles ?

GARÇON
> Peter.

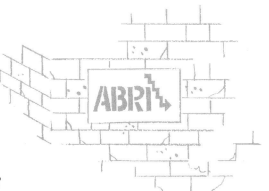

LAURA
> Et ta maman, elle est où ?

PETER
> J'sais pas.

VINCENT
> Tu sais pas où est ta mère ?

PETER
> Non. Un jour elle est partie et j'lai plus revue.

LAURA
> C'est pas vrai, une maman ça revient toujours.

PETER
> Non.

VINCENT
> Si. De toute façon, la nôtre, elle reviendra.

PETER
> Tu crois ça ?

LAURA

Oui, elle revient toujours et même elle va nous apporter du pain frais.

PETER

Du pain frais ! Et pourquoi pas la Lune ?

(Bruits de bottes, les enfants se serrent les uns contre les autres.)

PREMIÈRE VOIX D'HOMME, *off.*

Puisque je te dis que j'en ai vu un qui filait par ici.

SECONDE VOIX D'HOMME, *off.*

Tu dérailles ! Il y a longtemps qu'y a plus d'petits dans l'coin. D'ailleurs, y a plus personne... à par nous et les rats.

PREMIÈRE VOIX D'HOMME, *off.*

Mais l'chef a dit...

SECONDE VOIX D'HOMME, *off.*

Laisse tomber et arrive, on n'a pas qu'ça à faire !

(Les pas s'éloignent. Le groupe des enfants se défait.)

VINCENT, *à Peter.*

C'est de ta faute.

PETER

De ma faute ?

VINCENT

Oui ! Ils t'ont vu. C'est de ta faute.

(Autres bruits de pas. La porte s'ouvre brutalement. Une fillette, d'un âge proche de celui de Peter, se précipite dans la cave. Elle voit Peter.)

LA FILLETTE

Peter !

PETER

Alors Margot, tu t'en es sortie ?

MARGOT

Tu vois.

PETER

Comment as-tu fait ?

MARGOT

Quand je les ai entendus arriver, je suis montée au grenier.
J'ai pu me sauver par les toits. Et toi ?

PETER

Tu sais bien que je sais voler.

LAURA

T'es un voleur ?

PETER

Non idiote, voler comme un oiseau.

LAURA

Comme Peter Pan.

PETER

Évidemment, c'est moi qui suis Peter Pan.

LAURA

Alors, tu voles vraiment ?

PETER

Oui.

VINCENT

Laura, arrête, tu vois bien qu'il se moque de toi. *(Se tournant vers Margot.)* Dis-lui, toi.

MARGOT

Quoi ?

VINCENT, *montrant Peter.*

Qu'il raconte n'importe quoi.

MARGOT

C'est vrai. Depuis que je le connais, je l'entends raconter la
même histoire. Mais j'lai jamais vu voler.

PETER

Parce que tu ne regardais pas au bon moment.

VINCENT

Alors vas-y, vole !

(Les tirs reprennent. Les enfants se serrent les uns contre les autres. Puis les tirs diminuent et s'arrêtent.)

LAURA

J'ai peur. Quand est-ce que maman va revenir ?

VINCENT

Bientôt.

MARGOT

Vous avez une maman ?

LAURA

Oui, elle est sortie pour trouver à manger.

MARGOT

Moi aussi j'en avais une, mais ils l'ont emmenée...

VINCENT

Quand ça ?

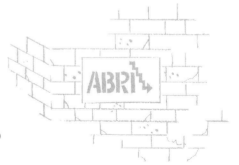

MARGOT

Hier, quand je me suis sauvée.

PETER

Taisez-vous !

(Pas au-dehors. Voix d'adultes « off ».)

PREMIÈRE VOIX D'HOMME, *off.*

Le chef a dit qu'on attende là, qu'elle finirait bien par revenir.

SECONDE VOIX D'HOMME, *off.*

Il est malin.

PREMIÈRE VOIX D'HOMME, *off.*

Regarde là-bas ! On dirait qu'ça bouge.

SECONDE VOIX D'HOMME, *off.*
> On va aller voir.

(Les pas s'éloignent. Moment de silence.)

VINCENT, *chuchotant.*
> Qu'est-ce qu'ils ont vu ?

MARGOT
> T'as dit que ta mère était sortie...

VINCENT
> Mais c'est pas elle. Ils pourront jamais la voir. Jamais !

PETER
> Ils voient tout.

LAURA
> Pas maman !

PETER
> Elle comme les autres. Allez, venez avec moi. Je vous apprendrai à voler.

VINCENT
> Arrête avec tes histoires ! Nous, on attend maman... et elle va revenir.

MARGOT
> C'est ça ! Peter, laisse-les tranquilles.

PETER
> Comme vous voulez.

MARGOT, *à Vincent.*
> Elle est comment, ta maman ?

VINCENT
> Grande... et puis, elle est gentille !

LAURA
> Très gentille !

MARGOT

Comme la mienne.

PETER

Arrêtez ! Vous me faites mal au cœur. Venez, je vais vous apprendre à voler... à toi aussi Margot.

VINCENT

Mais voler, c'est pas possible. Comment as-tu appris ?

PETER

J'ai pas appris, je l'sais depuis toujours.

MARGOT

Pourquoi ?

PETER

Je suis Peter Pan.

LAURA

Peter Pan... comme dans les films... comme avant.

PETER

Oui !

LAURA

T'es un menteur ! Peter, il est habillé en vert et il a une épée.

MARGOT

Et un chapeau à plumes !

PETER

N'empêche ! Je suis Peter Pan.

VINCENT

Prouve-le, vole !

PETER

C'est facile : on ferme les yeux et on pense très fort au pays imaginaire.

(Il mime ce qu'il a dit. Les autres le regardent, fascinés malgré eux. Au même instant, en coulisse : bruit de course, rafale d'armes automatiques, cri de douleur. Les enfants se serrent les uns contre les autres.)

PREMIÈRE VOIX D'HOMME, *off.*
Tu vois, j'te disais qu'il fallait être patient.

SECONDE VOIX D'HOMME, *off.*
T'as raison, on a fini par l'avoir.

PREMIÈRE VOIX D'HOMME, *off.*
J'suis sûr qu'elle avait des p'tits. Regarde, elle tient un pain.

SECONDE VOIX D'HOMME, *off.*
Ouais... alors qu'est-ce qu'on fait ?

PREMIÈRE VOIX D'HOMME, *off.*
Comme d'habitude.

SECONDE VOIX D'HOMME, *off.*
On gaze le secteur ?

PREMIÈRE VOIX D'HOMME, *off.*
Tiens, bien sûr ! Les p'tits ne doivent pas être loin. Allez, mets ton masque et on y va !

(Silence.)

PETER
Dépêchez-vous. Donnez-moi la main et fermez les yeux vous aussi. On va s'envoler tous les quatre.

(Le gaz – ou la fumée – envahit la pièce. Les enfants hésitent, puis se rapprochent de Peter et lui donnent la main.)

VINCENT
Laura, ça va ?

LAURA, *elle titube.*
Je crois que ça y est...

VINCENT
Quoi ?

LAURA, *elle lâche son frère, ouvre les bras comme pour s'envoler et s'effondre.*
Ça y est.

MARGOT, *même jeu.*
Moi aussi.

VINCENT

Qu'est-ce qui arrive ?

PETER

Elles se sont envolées. Respire très fort, on va les rattraper.

VINCENT, *il obéit puis titube comme Laura et Margot.*

C'est vrai. Merci, Peter.

(Il fait quelques pas et s'effondre à son tour.)

PETER

Attendez-moi. Attendez-moi. Vous ne connaissez pas le chemin. *(Il ouvre les yeux et avance vers le devant de la scène. Il a une
démarche hésitante, il ne voit pas les trois autres.)*

PETER

Attendez-moi ! *(Il titube de plus en plus.)* Puisque je vous dis que
j'arrive. *(Même jeu.)* Vous voyez bien que j'suis pas un menteur.
Regardez, ça y est, moi aussi ! *(Il écarte les bras, tourne sur lui-même.)*
Je vole ! *(Il s'effondre.)*

(Silence. Bruit de pas, la porte s'ouvre.)

PREMIÈRE VOIX D'HOMME, *off.*

Eh ! j'avais raison. Y z'étaient là. Y en a quatre.

SECONDE VOIX D'HOMME, *off.*

Et comme d'habitude... les bras en croix.

PREMIÈRE VOIX D'HOMME, *off.*

Les bras ? T'es fou ! Si l'chef t'entendait ? !

SECONDE VOIX D'HOMME, *off.*

J'voulais dire les pattes.

PREMIÈRE VOIX D'HOMME, *off.*

Ouais, n'empêche... fais attention. Tu sais bien c'qu'il nous a
dit.

SECONDE VOIX D'HOMME, *off.*

C'est pas des humains.

PREMIÈRE VOIX D'HOMME, *off.*
>Exact ! D'ailleurs y parlent pas comme nous...

SECONDE VOIX D'HOMME, *off.*
>Et la couleur de leur peau...

PREMIÈRE VOIX D'HOMME, *off.*
>Elle est pas naturelle.

SECONDE VOIX D'HOMME, *off.*
>Et leurs cheveux...

PREMIÈRE VOIX D'HOMME, *off.*
>Leurs cheveux ?

SECONDE VOIX D'HOMME, *off.*
>J'voulais dire « leur crinière ». *(Silence.)* C'est vrai, t'as raison !
>C'est pas des humains, c'est pour ça qu'on est des chasseurs
>et pas des assassins.
>
>*(Noir.)*

RIDEAU

Fictions

Les Explorateurs

par
Anne-Catherine Vivet

Présentation de la pièce

Quelques enfants, lors d'un après-midi pluvieux. Pendant que l'un s'accroche à son jeu électronique, les autres s'aventurent dans une jungle imaginaire.

Liste des personnages

- Valentin
- Olivier
- Ben
- Jeanne

Uniquement des rôles d'enfants.

Valentin devra être un garçon. Les autres rôles pourront indifféremment être masculins ou féminins.

Décors

Décor rudimentaire composé d'une table et de quelques chaises (ou des coussins).

Costumes

Pas de costumes particuliers.

Accessoires

– un petit jeu électronique (réel ou factice) ;
– une bande dessinée (n'importe laquelle) ;
– une règle assez longue pour faire office de coupe-coupe imaginaire ;
– une ceinture de taille suffisante pour devenir un serpent imaginaire ;
– un portemanteau (n'importe quel modèle) sur lequel quelques vêtements auront été suspendus ;
– des patins à roulettes (ou rollers) accrochés au portemanteau ;
– une table suffisamment stable pour que les enfants puissent y monter (car la table fera office de pirogue). Un banc peut également faire l'affaire ;
– un sac de sport d'où sort le manche d'une raquette de tennis ;
– une petite figurine en plastique ;
– un lot de peluches (dont certaines si possible assez grosses) ;
– un cartable contenant des livres et des cahiers ;
– un « téléphone portable » (simple jouet émettant une sonnerie lorsque l'on appuie sur l'un des boutons).

*(Il pleut. Quatre enfants sont « enfermés » à l'intérieur d'une pièce.
L'un joue avec le jeu électronique, les autres s'ennuient.)*

VALENTIN

Oh! zut! il pleut toujours. Je ne pourrai pas faire du patin aujourd'hui.

OLIVIER

Tu me prêtes le jeu, Ben?

BEN

Attends, j'ai presque fini. J'en suis au sixième monde.

OLIVIER

T'exagères! Ça fait au moins une heure que tu joues!

BEN

Attends, j'ai presque fini, j'en suis au septième monde.

JEANNE, *qui jusque-là feuilletait une BD.*

J'ai une idée. Et si on jouait aux explorateurs?

VALENTIN

Oh, oui! c'est super! Je serais Indiana Jones!

OLIVIER

Tu n'as même pas vu ses films!

JEANNE

Et alors, ce n'est pas grave.

OLIVIER

Regarde-le. Tu trouves qu'il a le physique d'Indiana? Bon, Ben, tu as fini?

BEN

Attends, j'ai presque fini, j'en suis au douzième monde.

VALENTIN

Tant pis, si je peux pas être Indiana Jones, je serai Tarzan.

OLIVIER

Non, écoute Valentin, d'abord t'as pas le physique, et puis Tarzan n'est pas un explorateur.

VALENTIN

Alors je serais Christophe Colomb!

OLIVIER

Désolé, Valentin, j'ai vu le film et alors-là, je peux te dire que t'as pas le…

JEANNE, *l'interrompant.*

Oh! tu nous embêtes, Olivier, avec tes «t'as pas le physique». Tu sais de quoi tu as le physique, toi? De Chita, la guenon de Tarzan.

OLIVIER, VEXÉ.

De toute façon, moi je ne joue pas à vos jeux débiles. Alors, Ben, tu as bientôt fini, oui ou non?

BEN, *plus que jamais absorbé.*

Attends, j'ai presque fini, j'en suis au vingt-quatrième monde.

JEANNE

Allez viens, Valentin. Nous, on va jouer aux explorateurs.

BEN, *criant.*

Waouh! J'en suis au trentième monde!

(Tandis que Ben joue toujours avec le jeu électronique et qu'Olivier se plonge dans la BD abandonnée par Jeanne, Valentin et Jeanne vont à l'autre bout de la scène. Valentin se saisit d'une règle posée sur la table et se met à faire de grands gestes devant lui.)

JEANNE

Qu'est-ce qui te prend, Valentin?

VALENTIN

Christophe, s'il te plaît! *(Devant l'air interloqué de Jeanne.)* Je m'appelle Christophe Colomb! Le roi d'Espagne m'a chargé de lui rapporter le sceptre du roi Papagueno. En ce moment, je te signale que nous sommes dans la forêt vierge.

JEANNE, *surprise.*

La forêt vierge?

VALENTIN

T'es aveugle ? *(Montrant alors sa règle.)* Impossible de passer si je ne me sers pas de mon coupe-coupe. *(Il s'éponge le front et se remet à faire de grands gestes.)*

JEANNE, *d'une petite voix.*

Y a des bêtes dans ta forêt ?

VALENTIN

Bien sûr ! Marche bien derrière moi. *(Jeanne aussitôt se colle à lui.)* Non, pas si près, je risque de te blesser. *(Montrant sa règle.)* Il est très aiguisé, tu sais.

(Tous deux se remettent à marcher, écartant une forêt imaginaire.)

JEANNE, *s'arrêtant brusquement et hurlant.*

Là !

(Ben, Olivier et Valentin sursautent.)

BEN

Elle a failli me faire rater le quarantième monde !

VALENTIN

Qu'est-ce qu'il y a ?

JEANNE, *horrifiée et d'une voix tremblante.*

Là ! un serpent ! *(Elle désigne une ceinture traînant par terre.)*

OLIVIER, *se moquant.*

Pfft ! c'est une ceinture !

JEANNE, *sautant sur le dos de Valentin.*

Tue-le ! Tue-le ! *(Valentin, peu rassuré, s'approche du « serpent » et le massacre à coups de « coupe-coupe ».)*

VALENTIN

Ah ! la sale bête ! Je crois bien que c'est un crotale. *(Il le prend avec le bout de sa règle et l'envoie sans le vouloir sur Ben.)*

BEN

Oh, non ! Tu m'as fait rater le cinquantième monde !

OLIVIER

Alors je peux jouer maintenant, Ben?

BEN

Attends, j'ai presque fini.

(Pendant ce temps, Jeanne et Valentin sont arrivés près d'un portemanteau où sont suspendus plusieurs vêtements. Valentin les décroche avec sa règle. Il est suivi de Jeanne, toujours aussi peu rassurée.)

JEANNE, *hurlant.*

Là!

(Tous sursautent une fois encore.)

VALENTIN

Qu'est-ce qu'il y a?

BEN

Oh! là, là! Elle m'a encore fait rater!

JEANNE, *même jeu que précédemment.*

Là! Deux araignées! *(Elle montre les patins.)*

OLIVIER

Ma pauvre Jeanne, il faut te faire soigner. Tes araignées, ce sont les patins de Valentin.

JEANNE, *sautant sur le dos de Valentin.*

Tue-les! Tue-les!

VALENTIN, *horrifié et reculant.*

Des mygales! Ce sont des mygales! Je savais que c'était gros mais à ce point-là, j'aurais jamais cru!

OLIVIER, *ironique.*

Tu vas pouvoir écrire au *Livre des records.*

VALENTIN

Dans ce cas, il faut les capturer…

JEANNE, *sautant sur le dos de Valentin et criant.*

Non! Tue-les! Tue-les ou je ne joue plus!

(Valentin donne alors un coup de pied dans les patins qui atteignent Ben.)

BEN

Oh, non! Tu m'as fait rater le soixantième monde!

JEANNE

Tu es sûr qu'elles sont parties et qu'elles ne reviendront plus?

VALENTIN

N'aie pas peur! Je suis Tarzan, le roi de la jungle!

(Il se frappe alors la poitrine en poussant le cri de Tarzan.)

JEANNE, *d'une petite voix.*

C'est Tarzan ou Christophe Colomb qu'est le plus fort?

VALENTIN, *protecteur.*

T'inquiète pas, ils ont tous les deux le physique!

OLIVIER

Pfft!

(Jeanne, plus rassurée, marche d'un pas plus ferme. Elle s'approche des coulisses.)

JEANNE

Oh! les belles fleurs! *(Elle fait semblant d'en cueillir.)*

VALENTIN, *hurlant.*

Jeanne, non!

JEANNE, *se précipitant sur le dos de Valentin.*

Qu'est-ce que j'ai fait?

VALENTIN, *toujours criant.*

Les fleurs, elles sont carnivores!

OLIVIER, *rigolant.*

Je ne savais pas que les fleurs du papier peint étaient carnivores! *(Changeant d'expression.)* Attention, vous allez tomber!

VALENTIN, *faisant mine de rattraper Jeanne.*

Oui, c'est le fleuve Amazone. Oh! là, là! Il est très large... Comment faire pour le traverser?

JEANNE

T'es sûr qu'il faut le traverser?

VALENTIN

Bien sûr! Le sceptre du roi Papagueno se trouve de l'autre côté.

OLIVIER, *mimant la guenon Chita, pousse de petits cris.*

Hiii, hiii, hiii!

(*Il tire la jupe de Jeanne et la conduit jusqu'à la table, en se dandinant comme un singe.*)

VALENTIN, *caressant la tête d'Olivier.*

Brave Chita! Qu'est-ce qu'on ferait sans toi?

JEANNE

Qu'est-ce qu'elle a fait?

VALENTIN

Elle nous indique que ce tronc peut nous servir de pirogue pour franchir l'Amazone.

OLIVIER

Hiii, hiii! (*Chita est ravie, elle saute, se roule par terre, les quatre pattes en l'air.*)

JEANNE, *hésitante, monte à califourchon sur la table.*

C'est solide au moins? Ça ne va pas couler?

VALENTIN

Non, j'ai l'habitude. Tu viens, Chita?

(*Les trois enfants s'assoient. Valentin se sert maintenant de sa règle comme d'une pagaie. Olivier fait le singe, s'épouille, bouge beaucoup.*)

JEANNE

Arrête, Olivier! Tu vas renverser la table.

VALENTIN

La table? Quelle table? Tu veux dire la pirogue?

JEANNE

Oh! ça va, Valentin, si tu crois que je n'ai pas vu que tu te servais de la règle à la fois comme coupe-coupe et comme pagaie…

VALENTIN, *hurlant.*

Là!

(Tous sursautent.)

BEN

Oh, non! T'as failli me faire rater le soixante-dixième monde!

OLIVIER, *poussant des petits cris peureux.*

Hiii, hiii, hiii!

JEANNE

Qu'est-ce que tu as vu?

VALENTIN, *montrant un sac de sport d'où sort le manche d'une raquette de tennis.*

Un crocodile!

(Les trois enfants essaient tant bien que mal de ramener leurs jambes sous eux.)

JEANNE, *hurlant.*

Tue-le! Tue-le ou je ne joue plus!

OLIVIER, *s'emparant de la règle de Valentin, fait semblant d'épauler un fusil.*

Hiii, hiii, hiii!

VALENTIN

Mon fusil, bien sûr! Qu'est-ce qu'on ferait sans toi, Chita? Pan! Pan!

BEN

Oh, non! J'ai failli rater le quatre-vingtième monde!

JEANNE

T'es sûr qu'il est mort? J'ai l'impression qu'il bouge encore!

VALENTIN

Ça ne se voit pas? Regarde, il a coulé... et l'eau est maintenant toute rouge.

JEANNE

Beurk! C'est dégoûtant!

OLIVIER

Hiii, hiii, hiii ! *(Il porte la main à sa bouche pour montrer qu'il a faim et fait semblant d'éplucher une banane.)*

VALENTIN

Tu as raison, Chita. Moi aussi, j'ai faim. Allez, tout le monde descend.

(Jeanne et Valentin descendent et tournent le dos à Olivier qui a pris la règle. Il la brandit, menaçant par derrière les deux autres.)

JEANNE, *se retournant.*

Tu viens, Chi… ah !

BEN

Zut ! Tu m'as fait rater le quatre-vingt-dixième monde ! C'est pas drôle !

VALENTIN, *qui ne s'est pas encore retourné.*

Arrête de faire le singe, Chita !

(Olivier se met alors à parler une langue incompréhensible avec de nombreux claquements de langue. Puis il fait le geste de couper la tête et montre ensuite celle d'une figurine en plastique qu'il a ramassée par terre. Il a l'air fort réjoui.)

VALENTIN, *d'un air très savant.*

J'ai tout compris. Il vient de dire : « Moi, pas Chita. Moi, coupeur de têtes, et même réducteur de têtes. Têtes à vous devenir pitites, pitites comme ça. » *(Reprenant le dernier mot prononcé par Olivier, il montrera quelque chose de minuscule tenant tout juste entre le pouce et l'index.)*

JEANNE, *sautant sur le dos de Valentin.*

Attaque-le ! Attaque-le ou je ne joue plus !

VALENTIN, *tout bas à Jeanne.*

Je ne te l'avais pas dit pour ne pas te faire peur, mais je me suis toujours douté que Chita n'était pas un vrai singe.

JEANNE

En tout cas, c'est toi qui dois faire quelque chose. C'est toi qui as le physique.

VALENTIN, *montrant le lampadaire et des peluches.*

Nous sommes cernés. Ils sont trop nombreux pour que je les attaque maintenant.

(Olivier parle sa langue imaginaire tout en poussant Valentin et Jeanne vers Ben. Il arrache le jeu électronique des mains de Ben.)

BEN

Oh! ben, non! J'avais presque fini. J'en étais au centième monde!

JEANNE, *tout bas.*

Tu as remarqué, il parle notre langue. Ce doit être le chef.

VALENTIN

Non, c'est le sorcier.

JEANNE

Et comment le sais-tu?

VALENTIN

J'ai beaucoup voyagé.

(Olivier parle dans sa langue pour leur intimer l'ordre de s'asseoir. Puis il va fouiller dans un cartable d'où il extrait quelques livres et cahiers. Pendant ce temps, Ben cherche partout son jeu électronique qu'Olivier a caché.)

JEANNE, *prenant un air dégoûté.*

Il veut qu'on mange ça! De l'orthographe à la bave de girafe!

VALENTIN, *même jeu.*

Du calcul plein de caca de cacatoès. Pouh!

JEANNE

De la grammaire assaisonnée aux vers de terre!

(Olivier, pendant ces répliques, est sur le devant de la scène, face au public, dos aux autres acteurs, rigolard.)

BEN, *tout bas.*

Vous savez où il l'a cachée?

VALENTIN

Ô grand sorcier, nous te le dirons à condition que tu nous remettes le sceptre du roi Papagueno…

JEANNE
> … Et que tu nous aides à nous évader !

BEN
> D'accord. *(Puis il adresse à Olivier une réplique en langue imaginaire dont le dernier mot est « téléphone portable ».)*
>
> *(Olivier s'incline respectueusement et sort. Jeanne et Valentin se lèvent aussitôt et vont chercher le jeu électronique.)*

JEANNE, *la lui tendant.*
> Voilà, grand sorcier.

VALENTIN, *la retenant.*
> Le sceptre d'abord.

BEN
> D'accord. *(Il tend la raquette.)*

JEANNE
> Ah, non ! grand sorcier, ça, c'est un crocodile !
> *(Ben tend alors un des patins.)*

VALENTIN
> Ah, non, grand sorcier, ça c'est une mygale !
> *(Ben repart et rapporte la ceinture.)*

JEANNE
> Ah, non ! grand sorcier, ça, c'est un crotale !
> *(Ben leur tend la règle.)*

JEANNE ET VALENTIN, *ensemble.*
> Ah, non ! grand sorcier, ça, c'est un coupe-coupe.

JEANNE
> Ah, non ! grand sorcier, ça, c'est une pagaie.

BEN, *prenant un air désespéré.*
> J'sais pas ce que vous voulez, moi !

VALENTIN
> Le sceptre du roi Papagueno.
>
> *(Olivier revient sur scène avec le téléphone portable. Au moment où il le tend à Ben, la sonnerie du téléphone retentit.)*

OLIVIER, *répondant dans sa langue imaginaire.*

Scrabouilli ? *(Un silence. Puis Olivier reprend en bafouillant à moitié.)* Euh, oui maman. *(Nouveau silence.)* Qu'est-ce que je suis en train de fabriquer ? Euh, ben… j'allais me mettre à travailler… *(Silence.)* Oui, oui, je te promets… *(Silence.)* À propos, tu sais, j'ai eu une super idée cette après-midi. Plus tard, je serai explorateur !

Au pays des Ressorts et des Gnian-Gnian

par
Jacky Viallon

Présentation de la pièce

La reine du pays des Gnian-Gnian dirige un pays peuplé de gens très mous et très lents. Un peu lasse de toute cette lenteur, elle décide de prendre des vacances et de céder son royaume durant l'été au roi du pays des Ressorts. En effet, celui-ci cherche à louer pour les vacances un petit royaume un peu mou. Une fois sur place, le roi est vite gagné par la paresse. Lorsque la reine revient de vacances, elle est pleine d'énergie et veut mettre son pays au rythme des Ressorts. Les rôles s'inversent…

Remarque

Cette pièce permet un travail corporel sur deux groupes différents : les Ressorts, qui évoluent sur un rythme très rapide, et les Gnian-Gnian qui se déplacent très lentement. Cela permet d'intégrer des enfants qui ne veulent pas s'exprimer verbalement mais qui osent tenter des évolutions physiques.

Liste des personnages

Rôles parlants :
◆ Les conteurs
    (2 à 4)   à partir du CE2.
◆ Le roi des
    Ressorts   à partir du CM.
◆ Le Grand Ressort à partir du CE2.
◆ La reine des
    Gnian-Gnian   à partir du CM.
◆ Les Gnian-Gnian
    (2 à 7)   à partir du CE2.
◆ Les Super Gnian-Gnian (nombre
    au choix)   à partir du CE2.
◆ Le marchand
    de journaux   à partir du CP.

Figuration (nombre indéfini) :
◆ Les Ressorts   à partir du CP.
◆ Les Gnian-Gnian   à partir du CP.

Deux rôles d'adultes : le roi et la reine.

Deux à quatre rôles « au choix » : les conteurs.

Dix rôles d'enfants (et plus).

Décors

La pièce se déroule soit au pays des Ressorts, soit au pays des Gnian-Gnian. Afin d'éviter des changements de décors, on adoptera un fond neutre pour les deux royaumes (ciel et paysage par exemple).

Costumes

Des pyjamas pour les Gnian-Gnian et des survêtements pour les Ressorts permettront de les distinguer nettement. Si le projet est plus ambitieux, on pourra réfléchir à la création de costumes plus adaptés aux caractères des personnages (couleurs vives pour les Ressorts, pâles pour les Gnian-Gnian par exemple).
Un déguisement de roi et un autre de reine (ou simplement deux couronnes bien visibles) sont à prévoir.

Accessoires

– autant de chaises (ou tabourets, pliants…) qu'il y a de Gnian-Gnian ;
– le cadre d'un tableau ou d'une photo (taille moyenne) ;
– un rouleau de papier (pour le message du roi à la reine) ;
– des journaux (pour le marchand) ;
– deux valises ;
– un trousseau de clés (ou quelques grosses clés en carton) ;
– deux ou trois grands entonnoirs (dans lesquels quelques Ressorts lancent des ordres) ;
– un morceau de tuyau d'arrosage (5 à 6 mètres) avec un entonnoir fixé à chaque extrémité (qui symbolisent le téléphone entre le roi et la reine) ;
– quelques coussins ;
– un oreiller.

Scène 1

Personnages : Un conteur - Le Roi - Les Ressorts - Un Grand Ressort

UN CONTEUR

Dans un royaume assez lointain, un roi est connu pour avoir une grande énergie à diriger son pays. Ses sujets travaillent beaucoup, ils n'ont même pas le temps de bâiller.

(On voit les sujets accomplir des gestes répétitifs, comme s'ils travaillaient à la chaîne. Ce jeu corporel permet de mettre en scène un maximum d'acteurs.)

LE ROI

Allez, dépêchez-vous! Que l'on s'active dans la vitesse et la précipitation! N'oubliez pas : dès que vous avez fini, il faut vite recommencer à faire quelque chose! Que ça saute, que ça saute!

UN CONTEUR

Donc, ce peuple est constamment en train de sauter. Les sujets sont appelés «Les Ressorts». En plus de leur travail très actif, ils doivent maintenir leur forme par des exercices de gymnastique. Ainsi le peuple saute tous les quarts d'heure.

(On voit les sujets sauter sur place.)

UN CONTEUR

Ah! J'oubliais, tout le monde est habillé en survêtement, sauf les Grands Ressorts, chefs du Grand Saut!

UN CONTEUR

Ils crient des ordres à l'aide de grands entonnoirs. De temps en temps, pour se donner de l'énergie, on conjugue à tue-tête le verbe «sauter».

LES RESSORTS

Je saute... Tu sautes... Nous sautons!

UN GRAND RESSORT

C'est bien! Maintenant, nous allons le conjuguer à l'imparfait du subjonctif... en sautant..., toujours en sautant!

LES RESSORTS

Que je sautasse... Que tu sautasses... qu'il sautât... Que nous sautassions...

LE ROI

C'est bien! C'est lourd, mais c'est bien! C'est joli à entendre! Du moment que cela bouge et qu'il n'en coûte rien à ma couronne!

(Les Ressorts, le roi et le conteur quittent le plateau pour laisser la place à d'autres acteurs qui entrent très lentement. On peut éventuellement laisser le premier groupe en spectateur, sur le côté jardin du plateau.)

Scène 2

Personnages : Un conteur - La Reine - Le Marchand - Le Gnian-Gnian

UN CONTEUR

Dans un autre pays, très éloigné du pays des Ressorts, une reine dirige une contrée peuplée de sujets très lents et très mous : «Les Gnian-Gnian».

UN CONTEUR

Ils se déplacent très lentement et ne pensent qu'à s'asseoir. Aussi se promènent-ils toujours avec une chaise ou un pliant à la main.

UN CONTEUR

Parfois, cet accessoire est attaché à la ceinture pour être en permanence collé aux fesses.

(On voit quelques Gnian-Gnian se promener lentement sur le plateau en traînant des chaises derrière eux.)

UN CONTEUR

Par précaution, on dispose également des chaises un peu partout dans le royaume, au cas où les Gnian-Gnian seraient en manque.

UN CONTEUR

Pour maintenir la forme, la journée est ponctuée par un repos obligatoire tous les quarts d'heure.

(Les Gnian-Gnian ralentissent complètement leur jeu et finissent par se coucher par terre... ou bien même par s'endormir sur leurs chaises !)

UN CONTEUR

Comme le Gnian-Gnian a beaucoup de difficulté à travailler, il est toujours assisté d'un Super Gnian-Gnian, sujet récompensé pour sa paresse exemplaire.

UN CONTEUR

Le Super Gnian-Gnian aide le Gnian-Gnian dans son travail ou ses actes quotidiens, il est toujours posté derrière lui pour le soutenir.

(Un super Gnian-Gnian aide un Gnian-Gnian à lever le bras pour regarder sa montre. Il l'accompagne pour le faire asseoir, etc.)

UN CONTEUR

Le pays étant envahi de chaises, tout le monde a tendance à se cogner dedans.

(On voit les Gnian-Gnian se cogner et proférer des injures sous forme d'onomatopées. Pour une fois, ils s'énervent.)

LA REINE

Silence! Vous allez vous énerver et finir par vous transformer en Ressort!

(Arrive un marchand de journaux.)

LE MARCHAND

- Demandez le journal *Va-Voir-Là-Bas-Si-J'y-Suis*, la feuille de choux du royaume! Demandez le journal *Va-Voir-Là-Bas-Si-J'y-Suis!*

(La reine lève la main.)

LA REINE

Donnez-moi un journal! *(Elle prend le journal et tend la main comme si elle attendait la monnaie.)* Et ma monnaie?!

LE MARCHAND

Vous ne m'avez même pas payé!

LA REINE

La Reine ne paye pas, mais elle veut bien récupérer la monnaie.

(Le vendeur lui tend la monnaie contre son gré. La reine ouvre le journal et lit à haute voix.)

LA REINE

Tiens! «Roi, jeune, beau, énergique, dirigeant royaume des Ressorts, cherche à louer pour les vacances petit royaume un peu mou, peuplé de flagadas ou autres mollassons.» Tiens, tiens, je louerais bien mon royaume à ce roi pour l'été.

(Elle appelle l'un de ses sujets.)

LA REINE

Oh là! Gnian-Gnian! *(Un Gnian-Gnian arrive en courant.)* Je ne vous ai pas demandé de venir si vite! *(Le Gnian-Gnian fait demi-tour tout en courant et revient très lentement.)* Tu vas porter mon portrait au roi des Ressorts en guise de cadeau et lui dire que j'aurais quelque chose à lui proposer. *(Le Gnian-Gnian prend le cadre que lui tend la reine. Il est vide.)*

LE GNIAN-GNIAN

Mais je ne vois rien! Il n'y a rien! Où est votre portrait?

LA REINE

Si ce roi est intelligent, il imaginera mon portrait; c'est pour le mettre à l'épreuve! Cours-y doucement!

(Les acteurs du pays des Gnian-Gnian sortent ou se positionnent sur l'autre côté du plateau pour être hors jeu. Le roi des Ressorts entre.)

 Scène 3

Personnages : Le Gnian-Gnian - Le Roi

(Le Gnian-Gnian arrive à moitié endormi au pays des Ressorts et tend le portrait au roi qui regarde attentivement le cadre.)

LE GNIAN-GNIAN

La reine des Gnian-Gnian est intéressée par votre annonce, elle vous envoie son portrait pour que vous puissiez la connaître.

LE ROI, *en prenant le portrait.*

Votre reine est vraiment très belle. Mais je tiens à passer mes vacances dans un pays très mou. Est-ce vraiment mou chez vous?

LE GNIAN-GNIAN

Oui, on est tous mous et tout est mou. Tenez, je m'endors déjà! Vous n'auriez pas une chaise?

LE ROI

Non! Ici, on est toujours debout, nous n'avons pas le temps de nous asseoir. Bon! Je vais écrire une lettre à votre reine! Tenez encore debout quelques secondes!

(Le roi gribouille à la hâte quelques mots sur une sorte de rouleau de papier et le donne au Gnian-Gnian.)

LE GNIAN-GNIAN

Mais je ne vois rien!

LE ROI

Si cette reine est intelligente, elle imaginera mon écriture. Cours-y vite!

LE GNIAN-GNIAN

C'est impossible!

(Le roi et le Gnian-Gnian sortent. Les acteurs du pays des Gnian-Gnian réapparaissent.)

Scène 4

Personnages : La Reine - Les experts - Deux Super Gnian-Gnian - Un Gnian-Gnian - Le Roi - Un conteur

(Le Gnian-Gnian revient au pays des Gnian-Gnian. Les experts super Gnian-Gnian essayent de déchiffrer la lettre invisible sans y parvenir, ce qui énerve la reine.)

LA REINE

Donnez-moi cette lettre, bande d'illettrés! *(Elle lit.)* C'est simple. Je ne vois pas ce qu'il y a de compliqué à déchiffrer.

(Elle lit et paraît très satisfaite. Pendant ce temps-là, les experts tentent de lire par-dessus son épaule. Elle plie la lettre pour la cacher. Elle sourit.)

- Bon! Le roi dit que je suis très belle et que la mollesse me va bien! Il me paraît assez intelligent pour venir passer des vacances ici!

UN SUPER GNIAN-GNIAN

Donc, nous pouvons lui téléphoner!

Un autre Super Gnian-Gnian

Et pour ne pas nous fatiguer, nous allons dire la phrase à plusieurs !

(Un des super Gnian-Gnian va chercher un grand tuyau tout mou dans lequel est enfoncé un entonnoir en plastique. Il revient accompagné de trois ou quatre Gnian-Gnian qui vont parler les uns après les autres dans le tuyau.)

Un Gnian-Gnian

Allô !

Un Gnian-Gnian

Allô !

Un Gnian-Gnian

… La reine…

Un Gnian-Gnian

… veut bien…

Un Gnian-Gnian

… vous louer…

Un Gnian-Gnian

… son royaume…

Un Gnian-Gnian

… pour les vacances…

La Reine

Oui… et cela me fera également des vacances ! De toute façon, je ne vous supporte plus.

(De l'autre côté de la scène, on voit le roi décrocher un entonnoir en métal et répondre avec énergie.)

Le Roi

Je suis prêt ! Vite, ma valise ! J'arrive !

(Un Ressort apporte la valise au roi. Il saute et se retrouve côté cour chez les Gnian-Gnian.)

Le Roi

Bonjour, madame la reine ! Bonjour, messieurs et mesdames les Gnian-Gnian.

LA REINE, *qui vient aussi de prendre une valise à la main.*

> Bonjour, monsieur le roi des Ressorts! Tenez, voici les clés du royaume! Fermez bien les portes et surtout ne laissez sortir personne. Je pars aussi en vacances!

> *(Elle donne les clés au roi et quitte le plateau. Le roi la regarde partir. Il inspecte les lieux tout en observant les Gnian-Gnian et finit par poser sa valise. Il prend un peu d'assurance et s'adresse de façon autoritaire aux Gnian-Gnian.)*

LE ROI

> Bon, dépêchez-vous! Que l'on s'active dans la vitesse et la précipitation! Que ça saute! Que ça saute!

> *(Les Gnian-Gnian se regardent, un peu étonnés.)*

LES GNIAN-GNIAN

> Sautez? Précipitation? Vitesse?

LE ROI

> Oui! Faire des bonds! Courir dans tous les sens! Travailler!

> *(Un super Gnian-Gnian s'avance.)*

UN SUPER GNIAN-GNIAN

> Attention, ici on ne saute pas!

UN SUPER GNIAN-GNIAN

> On marche au ralenti!

UN SUPER GNIAN-GNIAN

> Tenez! Prenez donc une chaise!

UN SUPER GNIAN-GNIAN

> Avec un bon oreiller!

UN SUPER GNIAN-GNIAN

> Avec un bon coussin sous les pieds!

> *(Ils vont chercher le roi et l'installent confortablement. Plusieurs Gnian-Gnian s'approchent de lui pour le dorloter.)*

UN SUPER GNIAN-GNIAN

> Voilà! On est tout de même mieux!

UN SUPER GNIAN-GNIAN

> Du repos! Il vous faut du repos! Surtout, ne sautez pas!

LE ROI, *grogne tout en appréciant le confort des coussins.*

Non! Non! Le roi des Ressorts ne peut pas rester assis. Il doit sauter tout le temps. Si l'on me voit, j'aurais l'air ridicule! *(Il se lève d'un bond et se met à sauter nerveusement.)*

UN SUPER GNIAN-GNIAN

Bon! Faites ce que vous voulez; après tout, c'est vous le roi! Nous, on va s'asseoir; pire, nous allons aller nous coucher!

(Ils partent en traînant leurs chaises derrière eux.)

LE ROI

Mais il n'en est pas question! Vous devez sauter et m'obéir!

UN SUPER GNIAN-GNIAN

Nous, on n'obéit qu'à notre reine, on n'obéit pas à un roi en vacances. Un roi en vacances ne fait rien, donc il n'a pas de pouvoir!

(Les Gnian-Gnian sortent. Le roi se retrouve tout seul et regarde autour de lui. Après quelques instants, il s'avance prudemment en direction de la chaise. Il regarde s'il n'est pas vu et va s'installer doucement et confortablement sur la chaise, en disposant moelleusement les coussins et les oreillers. Il s'endort.)

(On voit les Gnian-Gnian passer à côté du roi à pas de loup.)

UN GNIAN-GNIAN

Chut!

UN GNIAN-GNIAN

Il ne faut surtout pas le réveiller!

UN GNIAN-GNIAN

Il a réussi à comprendre quel était son vrai travail!

UN GNIAN-GNIAN

La reine avait raison. Il est intelligent.

(Les Gnian-Gnian quittent discrètement le plateau.)

UN CONTEUR

Le roi dormait. Dormait... Il dormit pendant tout son mois de vacances! Mais soudain...

(La reine arrive en trombe avec sa valise à la main. Elle est visiblement très excitée et parle très fort, ce qui réveille le roi.)

LE ROI, *se réveillant en sursaut.*

Qu'est-ce que c'est?

LA REINE, *toujours très excitée.*

Maintenant, les vacances sont terminées! Rendez-moi les clés du royaume. D'ailleurs qu'est-ce que vous faites assis? Allez, debout, et que ça saute!

LE ROI

Ah, non! Pas sauter! Pitié! Laissez-moi dormir!

(La reine se met à sauter en faisant des exercices de gymnastique. Elle s'adresse au roi et aux Gnian-Gnian qui la regardent d'un air stupéfait.)

LA REINE

Allez, dépêchez-vous! Que l'on s'active dans la vitesse et la précipitation! N'oubliez pas : dès que vous avez fini, il faut vite recommencer à faire quelque chose. Que ça saute, que ça saute! Décidément, ces vacances m'ont donné du ressort!

RIDEAU

Des sorcières sulfureuses

par
Florian Dierendonck

Présentation de la pièce

Trois sorcières sont en quête d'un mari. Les voilà qui rencontrent Jolicœur… Mais laquelle va-t-il choisir ?

Remarque

La pièce est courte mais le texte, très savoureux, n'est pas facile à mémoriser…

Liste des personnages

- Ragondasse   à partir du CM.
- Brutalitasse   à partir du CM.
- Poulichette   à partir du CE2.
- Jolicœur   à partir du CE2.

Deux rôles d'adolescents : Jolicœur et Poulichette.

Deux rôles d'adultes : Ragondasse et Brutalitasse.

Décors

La pièce peut être jouée sans aucun décor. On pourra cependant utiliser un fond peint relativement neutre (forêt, paysage…).

Costumes

Les sorcières seront habillées en sorcières ! (vieux vêtements amples, balais, chapeaux pointus…).
Jolicœur pourra être un « beau garçon » classique (genre prince) ou moderne (style BCBG).

Accessoires

Aucun accessoire n'est indispensable.

RAGONDASSE

Venez! Venez, mais venez donc Poulichette et Brutalitasse! Il y en a par ici! Enfer, damnation et crottes de rats! Qu'ils sont beaux! Quels beaux spécimens de jeunes humains prêts à épousailler!

BRUTALITASSE

Tais-toi, imbécile, on cherche un mari pour l'engraisser, le croquer… et non pour je ne sais quelle… *(Elle aperçoit Jolicœur.)* Oh… quoiqu'il y en ait un, là-bas, très beau. Nom d'un crapaud! C'est vrai que je le verrais bien empaillé au-dessus de mes chaudrons, celui-là! Il est pour moi!

RAGONDASSE

Et moi! C'est moi qui l'ai vu la première! *(Elles se battent.)*

JOLICŒUR

Mesdames, s'il vous plaît, connaissez-vous les trois sœurs Trompelalune? Pousseminet, mon oncle, m'envoie les rencontrer afin d'épousailler l'une d'entre elles. J'arrive à l'âge où il est honnête pour un jouvenceau de prendre femelle… enfanter, fonder une lignée digne de ce nom!

BRUTALITASSE

Les sœurs Trompelalune? Mais c'est nous, sacripette!

JOLICŒUR

Vraiment?! Je suis bien gâté! Vous semblez toutes trois si délicieuses!

BRUTALITASSE

Toutes les trois? Mais non voyons! C'est moi, l'aînée, la plus délicieuse, non mais!

RAGONDASSE

Et moi? C'est moi qui l'ai vu la première!

BRUTALITASSE

Eh bien, présentons-nous, nous verrons bien qui est la plus délicieuse!

JOLICŒUR

Mesdames, je vous écoute!

BRUTALITASSE

Je suis Brutalitasse et suis… assurément la plus autoritaire des sorcières! Vous ne trouverez pas mieux, ça, je vous l'assure… Bébé, je mettais déjà au pas les mille-pattes… et quand ils n'avançaient pas assez vite à mon goût… couic! Maintenant, j'ai envie d'un bon gros époux qui pourra satisfaire tous mes caprices; un époux qui gémirait tendrement quand je lui infligerais des châtiments bien mérités!… Parce qu'une bonne épouse doit être exigeante, n'est-ce pas?

JOLICŒUR

Heu…

BRUTALITASSE

Hum?

JOLICŒUR

Certes, certes, chère madame!

RAGONDASSE

Et moi! C'est moi qui l'ai vu la première!

JOLICŒUR

C'est exact.

BRUTALITASSE

Eh bien, vas-y, même si tu n'as aucune chance!

RAGONDASSE

…

JOLICŒUR, *en aparté au public.*

Cher public, au secours! La première est brutale, la deuxième est stupide! *(Il tend l'oreille.)* Comment? La troisième? Ah, oui… essayons. *(À Poulichette.)* Vous n'avez rien dit…

POULICHETTE

Oh moi, je ne suis qu'une petite sorcière sans importance,

une poussière de Lune déposée sur les ombres de votre planète.

JOLICŒUR

Mais vous parlez comme dans les beaux livres !

POULICHETTE

Je ne sais faire que cela : un sort fut jeté à ma naissance ; je suis poétesse mais ignorante des tâches ménagères.

JOLICŒUR

La belle affaire ! Je préfère la poésie à l'astiquage des chaumières !

POULICHETTE

La nuit… je rêve de formules voluptueuses, de filtres d'amour, d'envoûtements passionnés !

JOLICŒUR

Nous achèterons un aspirateur !

POULICHETTE

J'erre dans les mystérieuses forêts, en quête de senteurs magiques pour parfumer mon bien-aimé !

JOLICŒUR

Nous achèterons un four à micro-ondes !

POULICHETTE

Je crée de nouvelles lumières irisées afin de les ajouter aux arcs-en-ciel !

JOLICŒUR

Nous achèterons un lave-vaisselle, c'est cela qui m'intéresse, la poésie… Ah ! Que tout cela est beau !

BRUTALITASSE

Mais que raconte-t-il ? Il ne va pas choisir cette crapougnasse ?

RAGONDASSE

C'est moi qui l'ai vu la première !

JOLICŒUR

Chut! Taisez-vous, mesdames! J'ai choisi la plus douce…

RAGONDASSE

C'est moi! C'est moi qui l'ai vu la première!

BRUTALITASSE

Silence, idiote!

JOLICŒUR, *à Poulichette.*

Venez ma belle, vous êtes l'élue…

POULICHETTE

Adieu, odeurs âcres des vieux chaudrons… Je vous aime déjà pour la vie, beau prince!

(Ils partent.)

RAGONDASSE

Et moi? C'est moi qui…

BRUTALITASSE

Silence! Viens donc voir par ici! *(Elle montre le public.)* Regarde, on ne les avait pas vus tout à l'heure… Mais il y a quelques crapouilleux qui pourraient bien faire notre affaire! Cette fois-ci, plus de «hic»! Une formule magique et «hop»… On en aura envoûté un dans la poche! Attention… *(Elle lance des sorts au public.)* Abracadabra!

RAGONDASSE

Et moi? C'est moi qui les ai vus la première! Abracadabra! Abracadabra!

RIDEAU

5 acteurs
15 minutes
CE2

L'Étrange Professeur Cumulo-Stradivarius

par
Benoît Fourchard

Présentation de la pièce

Pendant que le professeur somnole, ses automates s'animent et se plaignent. Ils aimeraient tant connaître la vraie vie au lieu de passer leur temps à répéter les mêmes phrases et gestes!

Remarque

Les dialogues ne sont pas difficiles à mémoriser mais la pièce est assez longue. Il faudra prévoir de nombreuses répétitions.

Liste des personnages

- Le professeur
- Youri
- La Jeannotte
- Aladin
- Madame Élodie

Un rôle d'adulte : le professeur.

Quatre rôles d'automates.
Au lieu de mettre en scène deux fillettes, on pourra choisir deux garçons, ou un garçon et une fille. Quelques légères modifications du texte seront alors nécessaires.

Décors

Pas de décors particuliers. Éventuellement un fond peint évoquant un bureau de «savant».

Costumes

Le professeur est un «savant illuminé» classique. On pourra l'habiller d'une blouse grise et le coiffer d'un crâne chauve.

Youri est un voyageur interplanétaire. Un collant et un polo blanc sur lequel on aura cousu quelques insignes mystérieux conviendront à ce personnage. Un casque avec des antennes pourra compléter le déguisement.

La Jeannotte est une jeune aubergiste médiévale. Grosse jupe bouffante, chemisier blanc, foulard uni dans les cheveux, sabots.

Aladin vient du conte des *Mille et Une Nuits*. Babouches, pantalon clair bouffant, gilet noir (voir *Aladin* de Walt Disney). Sans oublier la lampe d'où le génie est censé sortir!

Madame Élodie est une vieille dame du xxe siècle. On l'habillera donc en grand-mère version ancienne mode.

Accessoires

– un tournevis (pour les réglages du professeur) ;
– une chaise longue.

(Au début, les automates sont figés dans des positions précises, comme des statues de cire du musée Grévin. Entre le professeur.)

LE PROFESSEUR

Mes amis, mes chers amis, c'est l'heure de se coucher. Allons, allons, vérification des mécaniques ! Youri, montre-moi si tout est en ordre. *(Il tourne une clé, dans le dos de Youri.)*

YOURI, *avec des gestes d'automate, très mécaniques, et quelques mots, très monotones.*

Ici Youri, voyageur interplanétaire, Jupiter en vue, tout va bien à bord, à vous la terre. Ici Youri, voyageur interplanétaire, Jupiter en vue, tout va… *(Il s'arrête brusquement.)*

LE PROFESSEUR

Parfait, parfait… allez, la Jeannotte, à toi. *(Même jeu de clé.)*

LA JEANNOTTE, *même jeu d'automate.*

Oyez gentes dames ! Oyez messires, ici le souper et le coucher pour quelques piécettes, et l'avoine pour vos chevaux. Oyez gentes dames, oyez messires, messires, messires…
(Comme un disque rayé.)

LE PROFESSEUR

Ah ? un petit réglage, peut-être ? *(Il sort un tournevis, règle une mécanique, l'automate reprend la parole.)*

LA JEANNOTTE

… messires, ici le souper et le coucher pour quelques piécettes… *(Elle s'arrête.)*

LE PROFESSEUR
Bon, Aladin, je t'écoute. *(Même jeu de clé.)*

ALADIN, *avec une lampe dans la main. Même jeu d'automate.*
Je vais te frotter, jolie petite lampe, et bientôt apparaîtra le beau génie. Je vais te frotter, jolie petite lampe, et bientôt... *(Il s'arrête.)*

LE PROFESSEUR, *content de lui.*
Ah... quelle merveille! À vous, madame Élodie. *(Même jeu de clé.)*

MADAME ÉLODIE, *même jeu d'automate, voix de vieille femme.*
Mon chef professeur, je vous souhaite une bonne nuit. Qu'elle soit peuplée de rêves parfumés et colorés. Mon cher professeur, je vous souhaite une bonne nuit. Qu'elle soit... *(Elle se fige.)*

LE PROFESSEUR
Ah! mes amis, mes chers amis, bientôt, je vous le promets, vous disposerez d'une nouvelle phrase à dire, d'un nouveau geste à faire. Bientôt, nous pourrons converser tous les cinq! Peut-être même pourrons-nous aller nous promener au parc, tous ensemble!...
Croyez-moi les amis, toute la journée, j'y travaille d'arrache-pied! et mes calculs avancent! *(À lui-même.)* Bon, mais pour l'instant, il s'agit de se reposer... *(Il s'allonge sur une chaise longue.)* Bonne nuit à vous, mes chers amis. *(Il s'endort aussitôt.)*

(Les automates vont se mettre à parler, mais sans bouger.)

ALADIN, *sans bouger, à Youri.*
Hé!... Psit! Hé psit!!... Youri!... Tu m'entends?

YOURI
Oui, oui, bien sûr, je t'entends, Aladin...

ALADIN
J'en ai assez de cette lampe que je frotte, que je frotte et qui jamais ne libère le moindre génie! Le professeur m'avait promis un tapis volant, et mille et une merveilles, et je passe

toute ma vie à répéter : «Je vais te frotter, jolie petite lampe... »!

MADAME ÉLODIE, *coupant la parole à Aladin.*

Ça va galopin, on la connaît ta phrase. Tu crois que pour moi c'est mieux, à mon âge, de répéter tous les soirs : «Mon cher professeur, je vous souhaite une bonne nuit... »!?

LA JEANNOTTE, *coupant madame Élodie.*

Eh bien, moi, les gentes dames et les beaux messires, jamais je ne les ai aperçus!

MADAME ÉLODIE, *en colère.*

Dites donc, mademoiselle...

YOURI

Ch... ch... chut!

(Ils se figent dans leur position d'automates, le professeur se réveille brusquement.)

LE PROFESSEUR

Qui parle?... *(Il se retourne vers ses automates.)* Ça ne peut pas être eux... Non, non... J'ai dû rêver... Demain, il faut absolument les améliorer! J'ai l'impression qu'à force, ils se lassent de dire toujours la même phrase, de faire toujours le même geste. Pauvres automates... Bon, dodo! On verra cela demain.

(Le professeur se recouche et se rendort.)

MADAME ÉLODIE, *dès que le professeur est rendormi, à la Jeannotte.*

Dites donc, mademoiselle, on ne vous a jamais appris à ne pas couper la parole aux personnes âgées? Sachez que je suis née avec ce siècle et que je pourrais être votre grand-mère.

LA JEANNOTTE

De quel siècle parlez-vous, ma chère dame?

MADAME ÉLODIE

Le XXe siècle, bien sûr, petite impertinente!

LA JEANNOTTE

Alors, et sans vouloir vous offenser, c'est bien vous qui me devez le respect, dame Élodie, car moi, je vis le jour en 1247, sous le règne du bon roi Louis IX !

ALADIN

Popop ! Le plus vieux, c'est moi, car je viens d'un conte merveilleux, et je suis intemporel ! J'appartiens à toutes les époques !

YOURI

Bon, plutôt que de vous chamailler, nous pourrions peut-être essayer de bouger.

ALADIN

Moi, je ne sais faire qu'un seul geste : frotter cette lampe, comme ça !...

LA JEANNOTTE

Moi je bouge, regardez !

(Elle commence à marcher lentement.)

MADAME ÉLODIE, *elle commence aussi à marcher en s'appuyant sur sa canne.*

Dites, mademoiselle Jeannotte, moi aussi je bouge, mais vous voyez, j'ai besoin d'une canne pour me déplacer. C'est bien la preuve que je suis beaucoup plus âgée que vous !

ALADIN

Je frotte, je frotte, je frotte la lampe... mais aucun génie ne sort !

YOURI

Écoutez, je mets mon vaisseau spatial à votre disposition !

MADAME ÉLODIE

Chut ! Il se réveille encore !

(Ils se figent tous à nouveau.)

LE PROFESSEUR, *se levant sur son siège brusquement.*

Cette fois, je suis sûr que plusieurs personnes ont parlé... *(Il se retourne.)* Et ils ont bougé, en plus ! *(Panique.)* Ce n'est pas pos-

sible, je les ai conçus pour effectuer quelques gestes très simples, ils ne sont pas encore au point pour se déplacer, ce doit être un cauchemar. À force de travailler toute la journée sur ces automates, ils finissent par peupler aussi mes nuits. Oui, c'est ça, c'est un cauchemar, je suis en train de dormir. *(Il se recouche.)* Voilà, je dors, profondément, et je rêve de… voyons… de quoi pourrais-je bien rêver ?… Je rêve… heu… que je suis dans la nacelle d'une montgolfière, et que je vole au-dessus de paysages multicolores, il y a des champs de colza, et des forêts, et la mer, et…
(Il se rendort.)

LA JEANNOTTE

Qu'est-ce qu'une montgolfière ?

ALADIN

Apparemment une sorte de tapis volant accroché à un panier…

MADAME ÉLODIE

Vous n'avez donc jamais entendu parler de Jules Verne, mademoiselle Jeannotte ?… Et de son tour du monde en 80 jours ?

YOURI

La montgolfière est un très ancien moyen de locomotion aérienne… mais beaucoup de progrès ont été faits depuis, puisque nous pouvons maintenant nous déplacer d'une planète à l'autre à la vitesse de la lumière !

ALADIN

Ouah ! Drôlement mieux qu'un tapis volant, dis-donc !

MADAME ÉLODIE

Un tapis volant ? Peuh ! Il croit encore au Père Noël, ce grand jeune homme…

LA JEANNOTTE

Je n'y comprends que couic. Le monde est plat, voyons. On ne peut pas en faire le tour, et si l'on s'approche du bord, on tombe dans le néant !

YOURI

Non, La Jeannotte, tu as une vision tout à fait dépassée de notre planète…

MADAME ÉLODIE

Dites, les galopins, si nous profitions de notre nouvelle liberté pour aller voir le monde, justement ?

ALADIN

C'est surtout le bon génie contenu dans cette lampe que j'aimerais bien voir… *(Il frotte sa lampe.)*

LA JEANNOTTE

Et mon auberge, où est-elle, mon auberge ? *(Elle cherche autour d'elle, tristement.)* Et ces voyageurs fatigués en quête de je ne sais quelle aventure, auxquels je devais offrir le gîte et le couvert pour la nuit, pour qu'ils puissent se reposer, boire, manger et ripailler ? Et ces chevaux éreintés par tant de chemins caillouteux ? Où sont-ils tous ?

MADAME ÉLODIE

Des chevaux ? Je vais finir par croire que cette Jeannotte est effectivement beaucoup plus âgée que moi, hi hi hi !…

ALADIN, *brusquement.*

Bon, j'arrête de frotter cette lampe : aucun génie n'y peut tenir ! Le professeur Cumulo-Stradivarius m'a menti ! Il m'a fait croire que l'enchanteur sortirait de cet objet et m'offrirait le tapis volant qui me permettrait de me rendre aux confins du monde et du ciel pour y retrouver mon amoureuse… Mensonges que tout cela ! Je suis triste…

LA JEANNOTTE, *innocente.*

Si ton amoureuse est vraiment au bout du monde, elle doit faire très attention à ne pas avancer encore d'un pas, sinon… Mais elle n'est peut-être pas si loin, si ça se trouve…

MADAME ÉLODIE

Qu'ils sont mignons tous les deux ! Qu'ils sont jeunes et innocents !

YOURI

Chers amis, je suis désolé, mais je crains que notre voyage interplanétaire ne s'arrête aux murs de cette pièce. Je ne vois aucune trace du vaisseau spatial que je suis censé conduire hors de notre galaxie !

MADAME ÉLODIE

Pour ma part, une petite promenade dans le parc conviendrait parfaitement à mon envie de liberté.

YOURI

Je suis très déçu de ne pouvoir vous accueillir à bord…

LA JEANNOTTE

Et moi de ne pouvoir vous offrir le boire et le manger dans mon auberge.

ALADIN

Je crois que le professeur s'est bien moqué de nous !

YOURI

Nous ne sommes que ses jouets !

ALADIN

Ses marionnettes !

MADAME ÉLODIE

Oui, mais nous ne mourrons jamais, c'est quand même un avantage !

ALADIN

À quoi sert d'être vivant sans mon tapis magique ?

YOURI

… Sans mon vaisseau spatial ?

LA JEANNOTTE

Moi, je ne vous aurais jamais rencontrés dans mon XIIIᵉ siècle… *(À Aladin.)* Et puis sais-tu, Aladin, ce qu'est la peste, la lèpre, le choléra, les bandits et les soudards des grands chemins ? Je me demande si elle me manque vraiment, cette auberge…

ALADIN, *aux autres.*
La Jeannotte a raison!

YOURI
Eh bien, moi, je ne veux pas passer ma vie à attendre que le professeur m'apprenne une deuxième phrase; sans parler de mon vaisseau interplanétaire qui est certainement encore rangé dans ses cartons à dessin!

MADAME ÉLODIE
Voyons, jeune homme, ne nous mettons pas en colère. Essayons déjà d'aller nous promener dans le parc, écouter les oiseaux, regarder les arbres et cueillir des fleurs…

YOURI, *surpris.*
Oiseaux? Arbres? Fleurs?

LA JEANNOTTE
Réveillons le professeur pour qu'il nous emmène!

ALADIN
La Jeannotte a raison!

LA JEANNOTTE
S'il a su nous faire dire une phrase, il saura nous emmener en promenade!

ALADIN
La Jeannotte a raison!

YOURI
Mais enfin, le monde ne se résume pas au parc du coin de la rue!

MADAME ÉLODIE
Certainement jeune homme, mais peut-être… commence-t-il là?

ALADIN
La Jeannotte a raison!

LA JEANNOTTE
Là, je n'ai rien dit, Aladin…

MADAME ÉLODIE

Bon, de toute façon, il faut réveiller le professeur, il n'y a que lui qui puisse nous aider.

LA JEANNOTTE

Oui, réveillons-le! Professeur!

TOUS

Professeur! Professeur! Professeur!

(Le professeur s'éveille doucement, esquisse quelques gestes. Le débit des appels et les gestes des automates se ralentissent comme un disque qui s'arrêterait. Ils ont repris leur position initiale; le professeur est complètement réveillé et les automates finissent par s'immobiliser totalement.)

LE PROFESSEUR, *l'illumination brillant dans ses yeux.*

J'ai trouvé! Eurêka! Dans mon rêve, j'ai vu la formule mathématique qui va me permettre de donner la vie à mes automates! Mes amis, mes chers amis, regardez! Grâce à ce tournevis, je vous inscris la formule dans vos mécaniques. Commençons par toi, Youri. Voilà, je tourne cette vis dans ton dos : trois degrés de ce côté-ci, cent cinquante grammes de sucre de ce côté-là, une maille à l'endroit, deux mailles à l'envers… *(Rien ne se passe.)* Ah! Rien ne se passe? Me serais-je trompé?… Essayons avec madame Élodie. Alors, trois degrés, cent cinquante grammes de sucre, une maille à l'endroit, deux mailles à l'envers… *(Elle reste figée.)* Allons, bon!… Aladin, peut-être… *(Même jeu dans le dos d'Aladin qui ne bouge pas non plus.)* Oh! non, ce n'est pas possible! Et toi, La Jeannotte… *(Même jeu avec La Jeannotte, qui ne bouge pas.)* Oh non, je suis désespéré, je suis désespéré… Cette fois, c'est fini! Je ne saurai jamais leur donner vie! Ils vont rester figés là, pour l'éternité, à ne dire qu'une seule phrase, faire un seul geste!… Oh! là, là!… *(Il est désespéré.)*

(Imperceptiblement, les automates recommencent à bouger. Le professeur ne les voit pas. Puis ils chuchotent, très doucement, puis plus fort. Les yeux du professeur s'illuminent, et au moment où Cumulo-Stradivarius se retourne vers eux, tous, joyeusement, se mettent à parler ensemble en une véritable cacophonie.)

TOUS, *ensemble, on ne comprend que des bribes.*

Professeur!... Bon alors, cette promenade au parc?... Il y a des oiseaux?... J'aimerais cueillir des fleurs!... Et grimper aux arbres!... On y va?...

LE PROFESSEUR, *il pleure de joie, et a bien du mal à prendre la parole pour que cesse ce joyeux tintamarre.*

Mes amis... mes amis... MES AMIS!!!... Bon... c'est d'accord, je vous emmène tous au parc, ensuite nous irons faire une promenade en pédalo, sur le lac ; et puis, après les gaufres et les glaces, nous...

ALADIN, *le coupant joyeusement.*

Des gaufres et des glaces?

LE PROFESSEUR

Heu... Oui, oui...

LA JEANNOTTE

Et la montgolfière?

LE PROFESSEUR

Heu...

YOURI

Le pédalo, c'est mon vaisseau?

MADAME ÉLODIE

... qui glisse au fil de l'eau!

TOUS, *ensemble.*

Des gaufres! Des glaces! Des montgolfières! Des pédalos!

LE PROFESSEUR, *essayant de les calmer.*

Mes amis, mes amis! On y va?

TOUS, *ils font le tour de la scène et sortent en chantant.*

Des gaufres! Des glaces! Des montgolfières! Des pédalos! Des gaufres! Des glaces! Des montgolfières! Des pédalos!

(Ils sortent.)

LE PROFESSEUR, *seul, s'adressant au public.*

> Bon, je vous laisse. Je ne voudrais tout de même pas qu'ils fassent des bêtises, ils manquent encore un peu d'expérience... *(Vers la coulisse.)* Hé, mes amis! Attendez-moi!

TOUS, *en voix « off ».*

> Des gaufres! Des glaces! Des montgolfières! Des pédalos! Des gaufres! Des glaccs! Des montgolfières! Des pédalos!

R I D E A U

Le Grenier aux malles

par
Claudio Ponté

Présentation de la pièce

En fouillant dans le grenier, deux enfants, Sophie et Tristan, découvrent de vieilles photos. Celles-ci vont s'animer à tour de rôle et nous faire découvrir la vie de certains des ancêtres de Sophie.

Remarque

Cette pièce demande un important travail de mise en scène et des décors.

Liste des personnages

- Sophie
- Tristan
- Le traminot
- La réparatrice de parapluies
- Le vacher
- Le facteur
- Le père de Sophie
- La mère de Sophie

Deux rôles d'enfants : Sophie et Tristan.

Trois rôles d'adolescents : la réparatrice de parapluie, les parents de Sophie.

Trois rôles d'adultes : le traminot, le vacher, le facteur.

Décors

Cette pièce nécessite un travail relativement important. La scène devra être composée de trois « plateaux » qui pourront être éclairés indépendamment.

– Plateau « grenier » : une malle assez grande pour que les enfants puissent y entrer, plus quelques vieux objets évoquant un grenier.

– Plateau « tramway » : un fond peint évoquant une locomotive à vapeur avec la chaudière ouverte.

– Plateau « neutre » qui pourra être utilisé par tous les autres personnages : un simple mur avec une fausse fenêtre fera parfaitement l'affaire.

Dans le cadre d'une représentation plus ambitieuse, on pourra supprimer le plateau « neutre » et l'utiliser pour mieux évoquer les lieux dans lesquels les personnages apparaissent. Cela entraîne obligatoirement des changements de décors sur les deux plateaux « mobiles » (le plateau « grenier » restant fixe).

Il faudra alors créer, en plus du fond « tramway » :

– un fond « boutique de parapluies »,

pour la réparatrice de parapluies ;
– un fond « campagne », commun pour les personnages du vacher et du facteur : paysage champêtre, ferme, vaches…

– un fond « ambiance hippie » : fond multicolore, avec des peintures ou des dessins psychédéliques.

Proposition pour la mise en place des décors

Plateau « grenier »	Plateau A Scène 2 : « tramway » 4 : « campagne »	Plateau B Scène 3 : « boutique de parapluies » 5 : « ambiance hippie »

.... PUBLIC ....

Costumes

Pas de costumes particuliers pour Sophie et Tristan.
Pour le traminot (année 1871) : bottes, pantalon épais, débardeur, visage noirci par le charbon.
Pour la réparatrice de parapluie (année 1920) : longue robe, rembourrage au niveau du ventre pour évoquer le fait qu'elle est enceinte, foulard dans les cheveux.
Pour le vacher (année 1938) : sabots, pantalon sombre et épais, chemise large, éventuellement un béret…
Pour le facteur (année 1950) : une simple tenue de facteur !

Pour le père et la mère de Sophie (année 1968) : pantalon et jupe à fleurs (style hippie), bandeau dans les cheveux…

Accessoires

– un vieil album de photos (ou des photos) ;
– une pelle pour le traminot ;
– un parapluie pour la réparatrice ;
– un bâton pour le vacher ;
– un vieux vélo et une sacoche pour le facteur ;
– une guitare pour les parents de Sophie.

Scène 1

Personnages : Sophie - Tristan

(Une malle est posée sur le sol. Divers objets symbolisent un grenier encombré.)

SOPHIE

Tristan, viens… Dépêche-toi !

TRISTAN

J'arrive !

(Ils arrivent dans le grenier.)

TRISTAN

C'est tout noir !... Allume, Sophie, j'ai peur !

SOPHIE

Je cherche l'interrupteur... Ne commence pas à bougonner, sinon on redescend tout de suite... *(Elle allume.)* Voilà... *(Elle cherche son ami qui a trébuché.)* Tristan ?... Où es-tu ?

TRISTAN, *se relevant.*

Je suis là !

SOPHIE

Viens, n'aie pas peur... Tu voulais voir le grenier, eh bien, on y est. Qu'est-ce que tu es peureux !

TRISTAN

Je ne suis pas peureux, j'ai peur, c'est tout !... Ah !

SOPHIE

Ce ne sont que des toiles d'araignées !... Viens, on va fouiller.

TRISTAN

Regarde ! une malle... Qu'est-ce qu'il y a dedans ?

SOPHIE

Je ne sais pas. On va l'ouvrir.

TRISTAN

Tu crois qu'on a le droit ?

SOPHIE

Non, on n'a pas le droit.

TRISTAN

Chez moi aussi, on n'a pas le droit... Pas le droit de faire ci, pas le droit de faire ça. Chez moi, c'est la maison des « Pas-Le-Droit » !

SOPHIE
Mais ici on peut : c'est le grenier !

(Elle ouvre la malle et découvre, entre autres, des photos.)

SOPHIE, *fouillant.*
Il y a plein de photos !

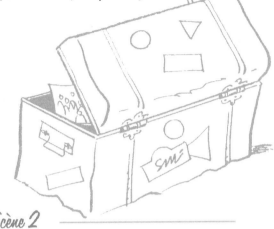

TRISTAN
C'est ta famille ?

SOPHIE
Oui…

(Ils s'installent dans la malle.)

Scène 2

Personnages : Sophie - Tristan - L'Ancêtre de Sophie

(Les deux enfants regardent quelques photos.)

SOPHIE, *exhibant une photo.*
Regarde ce garçon !

TRISTAN
Ouah !… une locomotive à vapeur !

(Une partie de la scène s'éclaire, montrant la photo en grandeur nature… Apparaît l'ancêtre de Sophie, âgé de 14 ans sur cette photo, bourrant de charbon la chaudière d'une locomotive.)

L'ANCÊTRE DE SOPHIE, *se redressant vivement, s'adresse aux enfants.*
Vive le progrès !

SOPHIE
Bonjour !

L'ANCÊTRE DE SOPHIE
Vive la science ! Vive le chemin de fer !

TRISTAN, *l'imitant avec malice.*
Et vive la France !

SOPHIE

Vous êtes mon ancêtre.

L'ANCÊTRE DE SOPHIE

Je suis Vhieu... *(Épelant)* V.H.I.E.U, traminot à Paris depuis 1871. *(Montrant le manomètre à vapeur.)* La pression doit encore monter.

TRISTAN

Vous n'êtes pas vieux !

L'ANCÊTRE DE SOPHIE

J'ai toujours été Vhieu, je suis né comme ça, puisque c'est mon nom !

SOPHIE

Vous conduisez des locomotives ?

L'ANCÊTRE DE SOPHIE, *moqueur.*

Non, je donne à manger aux vaches... Vous êtes de la police, ou quoi ? Je gave la gueule de la chaudière avec du charbon... Pression à 2 bars. *(Il tend l'oreille.)* La pression monte... Il faut que je vérifie les caisses à flotte... *(Un temps.)* Paris-Toulouse en trois jours, vous vous rendez compte ? Avant, on mettait onze jours en malle-poste.

TRISTAN, *pas du tout impressionné.*

Ben, nous, avec le TGV, on met à peine cinq heures...

L'ANCÊTRE, *à Sophie.*

De qui parle-t-il ?

SOPHIE

Tristan, c'était il y a plus d'un siècle !

L'ANCÊTRE

Ouais, on en a fait du chemin, moi je vous l'dis ! Un peu comme les Boches !

TRISTAN

Les Boches ?

L'Ancêtre

> Les Allemands, quoi! Ceux qui nous ont pris l'Alsace et la Lorraine. Qu'est-ce qu'on vous apprend à l'école?

Tristan

> Il déraille, ton ancêtre, les Allemands sont nos amis!

Sophie, *à l'ancêtre.*

> C'est vrai ça, la guerre avec les Allemands, c'est fini.

Tristan

> On fait l'Europe avec eux, avec les Anglais aussi, les Italiens, et tout ça!

L'Ancêtre de Sophie

> Du charabia, ouais! Va falloir une revanche... Avec des locomotives comme ça, cette fois on gagne, c'est mon chef qui me l'a dit. Allez!

> *(Il se remet au travail.)*

Tristan, *à Sophie.*

> De quelle revanche il parle?

Sophie

> De la grande guerre de 14-18.

> *(La scène s'éteint peu à peu et l'ancêtre disparaît.)*

Scène 3

Personnages : Sophie - Tristan - L'Arrière-Grand-Mère de Sophie

Sophie, *montrant une autre photo.*

> Oh, qu'elle est belle, cette fille!

> *(Une autre partie du grenier s'éclaire... Une fille apparaît, jeune réparatrice de parapluies dans la boutique de sa patronne.)*

L'Arrière-Grand-Mère de Sophie

> Bonjour! Vous me prenez en photo?... Ma patronne vous a permis?

TRISTAN

Ben, on est dans le grenier!

SOPHIE, *à la fille.*

Vous réparez des parapluies?

L'ARRIÈRE-GRAND-MÈRE DE SOPHIE

J'apprends. J'ai dix-sept ans. Tu peux me tutoyer, que je crois... Avant, j'étais bonne chez un patron.

SOPHIE

Vous... tu attends un bébé?

L'ARRIÈRE-GRAND-MÈRE DE SOPHIE, *heureuse.*

Ben oui... Ça se voit tant que ça? Madame Germaine est gentille – c'est ma patronne, la marchande de parapluies. Moi, je rattache le tenon, là... *(Elle montre.)*... C'est facile et pas fatigant.

TRISTAN

Tu as fait une échographie?

SOPHIE

Tristan, il n'y en avait pas en 1920!... *(À la fille.)* Il faut aller voir un docteur.

L'ARRIÈRE-GRAND-MÈRE DE SOPHIE

Pour quoi faire?... Non, je vais bien. Et puis, c'est trop cher.

TRISTAN

Ben la Sécu, alors?

L'ARRIÈRE-GRAND-MÈRE DE SOPHIE, *à Tristan.*

Arrête de dire des gros mots, toi! Sophie... *(Elle montre son ventre en souriant, heureuse.)*... Ton grand-père est là, que je crois.

SOPHIE

Tu es... mon arrière-grand-mère?

TRISTAN, *encore vexé de la réprimande.*

C'est pas drôle!... *(Il fait mine de sortir de la malle.)* Je descends.

L'ARRIÈRE-GRAND-MÈRE DE SOPHIE, *parlant du bébé.*
> Des fois, je le sens bouger…

SOPHIE, *à Tristan.*
> Ne bouge pas, toi!… *(Le garçon se rassied, un peu boudeur.)*

L'ARRIÈRE-GRAND-MÈRE DE SOPHIE, *sur un ton de confidence.*
> L'autre jour, oh! que j'ai eu peur… on a tiré sur des ouvriers qui faisaient grève… tout près d'ici… le 1ᵉʳ mai, que je crois. Il y a eu des morts.

SOPHIE
> Qui a tiré?

L'ARRIÈRE-GRAND-MÈRE DE SOPHIE
> Je ne sais pas… *(Reprenant sur un ton gai.)* Oh! écoutez, je suis allée voir des images qui « dansent ».

SOPHIE
> Un film?

L'ARRIÈRE-GRAND-MÈRE DE SOPHIE
> *Charlot soldat!* de Charlie Chaplin, que je crois… Allez le voir, c'est drôle!… *(La lumière s'éteint progressivement.)* Oh, la lumière baisse… Sophie, embrasse ta mère pour moi et dis-lui que je suis heureuse et que tout va bien se passer!… Gros bisous à tous les deux!
>
> *(Les deux enfants saluent l'arrière-grand-mère tandis qu'elle disparaît peu à peu.)*

───────────────── Scène 4 ─────────────────

Personnages : Sophie - Tristan - L'Arrière-Grand-Père
(Sophie regarde d'autres photos. Une autre partie du grenier s'éclaire.)

SOPHIE
> Lui, je le reconnais, c'est mon arrière-grand-père!

TRISTAN
> Le mari de la marchande de parapluies?

L'Arrière-Grand-Père

Pas du tout! C'est pas du même côté… Nom de pas de Dieu, je pars à la ville! Ras le bol, de la campagne!

Tristan

Pourtant c'est beau, la nature!

L'Arrière-Grand-Père

Nom de pas de Dieu! ça fait deux ans que mon père me loue comme vacher dans une ferme. De trois heures du matin à huit heures du soir, j'arrête pas! Tout ça pour un casse-croûte, et à 14 ans!

Sophie et Tristan

14 ans!

L'Arrière-Grand-Père

«Hop! trais les vaches… Hop! ramasse les œufs… Arrose les fraises mais n'y goûte pas, hein…? » Le patron commande, il ne travaille pas!

Tristan

Il n'a pas le droit! C'est de l'élevage!

Sophie, *le reprenant.*

De l'esclavage.

L'Arrière-Grand-Père

Un patron a tous les droits!… Nom de pas de Dieu, je fiche le camp. C'est trop dur!… S'il le faut, je m'engage. J'aime mieux être soldat que domestique. Salut!

(La scène s'obscurcit lentement…)

Tristan

Qu'est-ce qu'il va devenir?

Sophie

Il va s'engager à 18 ans…

Scène 5

Personnages : Sophie - Tristan - Grand-Père

SOPHIE, *regardant une autre photo.*

Là, c'est mon grand-père quand il était facteur, en... *(Elle lit la date.)* 1950!

(Le grand-père apparaît en habit de facteur avec son vélo et sa sacoche.)

SOPHIE

Bonjour, Papi « Rossignol » !

GRAND-PÈRE

Salut, les petits !

TRISTAN

Pourquoi « Rossignol » ?

GRAND-PÈRE

Parce que je chante, pardi !

(Il chantonne, à la façon de Maurice Chevalier sur l'air de « Ma Pomme ».)
Le facteur, c'est moi-aaaa...
J'suis plus heureux qu'un roi... tatata !
Mais aujourd'hui, désolé, j'ai pas de lettres pour vous.

TRISTAN, *fanfaron.*

Ben nous, on a « Internet »... *(Il continue, à la façon d'un chanteur de rap...) Internet tel est son nom de code et ma lettre file en deux secondes à l'autre bout du monde...*

GRAND-PÈRE

L'autre bout du monde ? Et pourquoi j'irais là-bas ? Je suis bien ici, moi !

SOPHIE

Papi, raconte-nous.

GRAND-PÈRE

Raconter, je n'sais pas, mais chanter, oui !
(Il mime.) Eh Jeannine, une lettre de votre fille de Paris !...

(Il chantonne.) *J'ai deux amours, mon pays et Paris!...*

(Il mime encore.) Eh Marcel, une carte de ton fils! une belle carte de Mexico... *Mexicooo!*

Ah! pour vous, madame Élise, ça sera une petite facture! Désolé... mais vous n'êtes pas pharmacienne pour rien, prenez de l'aspirine!

TRISTAN, *enthousiaste.*

Quand je serai grand, je serai pasteur.

SOPHIE, *le reprenant.*

Facteur.

GRAND-PÈRE

C'est le plus beau métier du monde. Quand j'arrive, les gens ont les yeux qui brillent : c'est un peu de bonheur, ça!

Ah, ma Sophie, ma douce, je voudrais bien te serrer dans mes bras mais je n'peux pas : je suis en photo. Enfin... je t'envoie un baiser chantant, adieu!

(Il s'immobilise et la lumière s'éteint progressivement.)

Scène 6

Personnages : Sophie - Tristan - Maman de Sophie - Papa de Sophie

SOPHIE, *montrant une photo.*

Là, c'est papa et maman avant leur mariage!

(Une autre partie de la scène s'éclaire. Le futur père de Sophie, 18 ans, les cheveux longs et une guitare à la main.)

TRISTAN, *riant en montrant le futur père.*

Oh! les cheveux longs, c'est trop!

(La future mère de Sophie apparaît, 17 ans, habillée en hippie, dans le style du début des années 70, robe à fleurs et rubans.)

MAMAN DE SOPHIE, *jeune fan des Beatles.*

Ils me rendent folle!

SOPHIE

Qui ça, maman ?

MAMAN DE SOPHIE

Les Beatles ! un groupe anglais !... Wouah ! je les adore !

PAPA DE SOPHIE

À bas la société pourrie ! À bas le crédit et la consommation !

MAMAN DE SOPHIE

Vive la Nature ! Vive les Hippies !

TRISTAN

C'est quoi des « hippies » ?

PAPA DE SOPHIE

Ce sont des jeunes qui ne parlent que d'amour et de paix !
(Le père se met à jouer de la guitare tandis que la mère danse…)

(La lumière s'éteint progressivement.)

Scène 7

Personnages : Sophie - Tristan

(Tristan se met doucement à pleurer, on croit qu'il éternue…
On entend la voix « off » de Tante Bisouks qui appelle.)

TANTE BISOUKS, *off.*

Sophie, Tristan ?... Descendez du grenier maintenant ! Il est l'heure de manger !

SOPHIE

Fini pour aujourd'hui ! On descend, sinon Tante Bisouks va nous assommer…

(Les enfants sortent de la malle.)

SOPHIE, *étonnée.*

Pourquoi pleures-tu ?

TRISTAN

Je ne pleure pas, j'éternue…

SOPHIE

Mais si, tu pleures !

TRISTAN

Moi, j'ai pas de grenier…

SOPHIE

Tu veux dire que tu n'as pas de photos de famille ?

TRISTAN, *mentant.*

J'ai pas dit ça ! J'ai pas d'albums, c'est tout.

SOPHIE, *attendrie.*

Je te promets que la prochaine fois, c'est toi qui ouvriras la malle, d'accord ?

TRISTAN

Pourquoi ? c'est pas mon grenier.

SOPHIE

Tu n'as pas compris ? C'est un grenier universel… Le premier qui ouvre la malle, il retrouve sa famille, avec plein de souvenirs…

TRISTAN, *touché.*

Menteuse…

(Dans un élan spontané, elle lui fait une bise. Ils sortent, enlacés.)

RIDEAU

7 acteurs
30 minutes
CE2

La Princesse qui disait toujours non

par
Vannina Laugier

Présentation de la pièce

La sorcière veut épouser le roi, qui – bien sûr! – refuse. Pour le forcer à accepter ce mariage, la sorcière jette un sort à la princesse Ginette : celle-ci ne sait plus que dire « non »! L'intervention d'une fée et d'un médecin n'arrangeront guère les affaires du pauvre souverain…

Remarque

Cette pièce est relativement longue. Les comédiens devront travailler leur rôle pendant plusieurs mois. La réalisation des costumes nécessitera aussi un effort soutenu.

Liste des personnages

- ◆ Le Roi Calu
- ◆ La Sorcière Tétabosse
- ◆ La Princesse Ginette
- ◆ La Fée
- ◆ Le Médecin
- ◆ Le Lutin Pimprenelle
- ◆ Le Lutin Guillemette

Uniquement des rôles d'adultes.

Le lutin Pimprenelle est obligatoirement une fille, à moins de modifier deux répliques.

Décors

La pièce pouvant se dérouler entièrement dans le même lieu, on pourra créer un seul décor représentant par exemple :
– une clairière ;
– un intérieur de château.

Costumes

Tous ces personnages sortent d'un conte de fées. On pourra donc s'amuser à imaginer des costumes originaux, et peut-être même loufoques (surtout pour la robe de mariée de la sorcière, scène 6)!

Accessoires

– un ou deux endroits pour s'asseoir (une vieille souche de bois pour un décor «clairière», un trône pour un décor «château») ;
– un gros livre pour la fée (une dizaine de feuilles de dessin grossièrement reliées et recouvertes d'inscriptions et de dessins mystérieux, par exemple) ;
– un large mouchoir original pour le roi ;
– quelques chapeaux ébouriffants pour la sorcière.

Scène 1

Personnages : Pimprenelle - Guillemette - La Sorcière - Le Roi Calu
- La Princesse Ginette

(Les deux lutins entrent sur scène en jouant à se courir après. On entend un ricanement sinistre en provenance des coulisses. Les deux lutins s'immobilisent. Le ricanement reprend.)

LES LUTINS

C'est la sorcière Tétabosse !

(Les deux lutins affolés vont se cacher. Entrée de la sorcière.)

LA SORCIÈRE

Je veux épouser le roi Calu, je veux épouser le roi Calu et je l'épouserai parce que je suis la plus belle et la plus intelligente des sorcières ! Je veux devenir la reine, je veux épouser le roi Calu.

(Entrée du roi.)

LA SORCIÈRE

Alors, mon petit roi adoré, quand allons-nous nous marier ?

LE ROI CALU

Jamais !

LA SORCIÈRE

Oh, mais pourquoi ?

LE ROI CALU

Parce que je ne t'aime pas, tu es laide et en plus tu es méchante.

LA SORCIÈRE

Moi, je suis laide ? *(Le roi fait oui de la tête.)* Et méchante ? *(Le roi fait encore oui de la tête.)* Ah ! mais ça ne va pas se passer comme ça, je vais te jeter un sort.

LE ROI CALU, *il éclate de rire.*

Tu sais bien que ta sorcellerie ne peut rien contre moi !

LA SORCIÈRE

Contre toi, non, mais… Je pourrais jeter un sort à ta fille, la princesse Ginette!

LE ROI CALU

Tu peux toujours essayer!

LA SORCIÈRE

Ah, tu ne me crois pas? Tu te moques de moi? Attends un peu que ta fille arrive!

LE ROI CALU

Si tu veux qu'elle vienne, tu n'as qu'à l'appeler.

LA SORCIÈRE

Bonne idée mon petit roi chéri, bonne idée… Princesse Ginette! Princesse Ginette!

(Entrée de la princesse.)

LA PRINCESSE GINETTE

Oui, me voilà, me voilà!

LE ROI CALU

Ma petite fille chérie, mon trésor, ma beauté…

LA PRINCESSE GINETTE

Oui, bon, ça va, qu'est-ce qu'il y a?

LE ROI CALU

Il y a que la sorcière Tétabosse voudrait te jeter un sort, ma petite chérie.

LA PRINCESSE GINETTE

Et c'est pour ça que tu m'appelles? Elle n'y arrivera pas!

LA SORCIÈRE

Ça suffit tous les deux. Vous vous moquez de moi! *(Elle prend Ginette par le bras.)* Viens ici, toi! Regarde-moi dans les yeux… *(Elle fait quelques passes magiques.)* Et voilà, roi Calu.

LE ROI CALU

Voilà quoi?

LA Sorcière

    Le sort est jeté.

Le Roi Calu, *tournant autour de sa fille.*

    Mais… Je ne vois rien… Tu sens quelque chose, Ginette ?

La Princesse Ginette

    Non.

Le Roi Calu

    À mon avis, ça n'a pas marché. Qu'est-ce que tu en penses, Ginette ?

La Princesse Ginette

    Non.

Le Roi Calu

    Comment « non » ?

La Princesse Ginette

    Non.

La Sorcière, *éclatant de rire.*

    Et tu dis que cela n'a pas marché ? Ta fille ne parle plus, tout ce qu'elle peut dire maintenant, c'est « non » !

Le Roi Calu

    Oh non !

La Sorcière

    Si, si ! *(Elle danse de joie.)*

Le Roi Calu, *en colère.*

    Mince, zut, crotte et flûte ! Qu'as-tu fait à ma fille ?

La Sorcière

    J'ai fait… quelque chose ! Et je ne lèverai le sort que lorsque tu m'auras épousée. Au revoir !

    (La sorcière sort en ricanant.)

Le Roi Calu

    Ginette, ma chérie, dis-moi quelque chose !

LA PRINCESSE GINETTE

Non.

LE ROI CALU

Autre chose ! Est-ce que tu veux une nouvelle robe par exemple ?

LA PRINCESSE GINETTE, *en faisant oui de la tête.*

Non.

LE ROI CALU

Oh là là, c'est une catastrophe !

LA PRINCESSE GINETTE

Non.

LE ROI CALU

Oh toi, tais-toi ! Je vais convoquer mon médecin et je suis certain qu'il trouvera une solution. Je vais faire un appel à la population. Et si cela ne suffit pas, je convoquerai les fées. Viens !

(Ils sortent.)

Scène 2

Personnages : Pimprenelle - Guillemette - La Princesse Ginette - Le Roi Calu - Le Médecin

(Après la sortie du roi et de la princesse Ginette, les lutins sortent de leur cachette. Ils sont complètement désespérés.)

PIMPRENELLE

Tu imagines ! Avoir la méchante sorcière Tétabosse pour reine ! Ce serait terrible !

GUILLEMETTE

Elle est laide, elle est méchante et elle sent mauvais !

PIMPRENELLE

Elle découpe les grenouilles vivantes en rondelles pour faire ses potions !

GUILLEMETTE
Beurk!

PIMPRENELLE
Elle arrache les yeux des chiens!

GUILLEMETTE
Beurk!

PIMPRENELLE
Il faut faire quelque chose!

GUILLEMETTE
Ah non, moi j'ai trop peur! Je ne veux pas qu'elle me transforme en crapaud. C'est le travail des médecins ou des fées,
pas d'un lutin comme moi.

(Entrée de Ginette, l'air très triste.)

PIMPRENELLE
Ginette, tu vas bien?

LA PRINCESSE GINETTE
Non.

PIMPRENELLE
C'est vrai que tu ne peux pas répondre!

LA PRINCESSE GINETTE
Non.

GUILLEMETTE
Le médecin va venir?

LA PRINCESSE GINETTE
Non.

PIMPRENELLE
Ce n'est pas la peine de lui poser des questions puisqu'elle ne
sait dire que « non ». On perd notre temps.

*(Les deux lutins s'asseyent au bord de la scène. Entrée du roi, suivi du
médecin.)*

LE ROI CALU
Voilà ma fille. Ginette, dis bonjour au monsieur !

LA PRINCESSE GINETTE, *faisant la révérence.*
Non.

LE MÉDECIN
Elle n'est pas très polie !

LE ROI CALU
Ma fille est très polie mais elle ne sait plus parler. Tout ce qu'elle sait dire maintenant, c'est « non ».

LE MÉDECIN
C'est embêtant !

LE ROI CALU
Oh oui !

LA PRINCESSE GINETTE, *en faisant oui de la tête.*
Non.

LE ROI CALU
Ginette, tais-toi ! On ne sait plus où l'on en est !

LE MÉDECIN
Je vais l'examiner. *(À Ginette.)* Marchez… Arrêtez… Levez les bras… Levez la tête… Tournez-vous… Fermez les yeux… Oui, je vois… Dites « ah ».

LA PRINCESSE GINETTE, *elle essaye d'articuler un « A » sans y arriver.*
Non.

LE MÉDECIN
Je vois, je vois…

LE ROI CALU
Qu'est-ce que vous faites ?

LE MÉDECIN
Je cherche à savoir pourquoi elle est malade.

LE ROI CALU

Mais elle n'est pas malade… C'est la sorcière Tétabosse qui lui a jeté un sort.

LE MÉDECIN

Mais ce n'est pas pareil, alors! Si la sorcière lui a jeté un sort, la sorcière doit le lui enlever. Moi, je ne peux rien faire.

LE ROI CALU

Vous savez à quelle condition elle le lui enlèvera?

LE MÉDECIN

Non, pas du tout.

LE ROI CALU

La sorcière exige… de devenir ma femme… et reine de notre pays. Si je l'épouse, elle annulera le sort.

LE MÉDECIN

Mais c'est affreux!

LE ROI CALU

Oui.

LE MÉDECIN

Attendez que je réfléchisse… *(Une pause.)* Je ne peux rien pour votre fille. Les histoires de sorcières et de fées ne peuvent pas être réglées par un médecin. *(Il réfléchit.)* Mais… Je peux vous donner un poison pour tuer la sorcière.

LE ROI CALU, *énervé.*

C'est ça, comme ça, Ginette ne parlera plus jamais.

LA PRINCESSE GINETTE

Non! NON!

LE ROI CALU

Ah! mais Ginette, tais-toi! Surtout pour ce que tu dis!

LA PRINCESSE GINETTE

NON! NON! NON!

LE MÉDECIN

Ah, voilà, ça, je peux le guérir. C'est une crise de nerfs. Il faut lui donner un grand coup sur la tête.

LA PRINCESSE GINETTE

NON!

(La princesse Ginette part se cacher derrière les lutins.)

LE ROI CALU, *en colère.*

Alors, vous voulez tuer la sorcière et assommer ma fille! Vous êtes dangereux, vous. Allez-vous-en! *(Le médecin sort.)*

(Le roi Calu marche de long en large en râlant.)

LE ROI CALU

Ce n'est pas vrai, il est complètement fou ce médecin, et en plus, il est nul! Ginette, ma chérie, tu ne veux pas faire un petit effort pour ton petit papa chéri?

PIMPRENELLE

Vous savez bien qu'elle n'y peut rien!

LE ROI CALU, *il se met à pleurer.*

Ma pauvre petite fille, ma pauvre petite fille!

LA PRINCESSE GINETTE, *en pleurant.*

Non… non…

GUILLEMETTE, *à Ginette.*

Ne pleure pas.

PIMPRENELLE, *au roi.*

Ça va s'arranger!

LE ROI CALU, *en pleurant.*

Qu'est-ce que je vais faire?!

PIMPRENELLE

Écoutez, si le médecin ne peut pas la guérir, il faut faire appel aux fées. C'est la seule solution.

LE ROI CALU

Les fées? Tu crois que c'est une bonne idée?

PIMPRENELLE

Vous avez entendu ce qu'a dit le médecin : « Les histoires de sorcières et de fées doivent être réglées par les sorcières et les fées. »

LE ROI CALU

Bon, si tu penses que c'est bien…

PIMPRENELLE

Je vais aller les chercher… ! Allez, Guillemette, viens…

(Pimprenelle et Guillemette sortent.)

Scène 3

Personnages : Le Roi Calu - Pimprenelle - La Fée - La Princesse Ginette - Guillemette - La Sorcière

(Entrée de la fée, des lutins et du roi Calu.)

LE ROI CALU

Ma pauvre petite Ginette, cela doit être terrible pour toi. Pour moi aussi, c'est terrible ! *(Il se met à pleurer lui aussi.)*

(Pendant ce temps, la fée consulte un énorme livre.)

PIMPRENELLE

Ginette, voici la fée qui va te guérir…

LA PRINCESSE GINETTE, *se précipitant vers la fée en reniflant et en parlant très vite, avec beaucoup de gestes comme si elle voulait expliquer ce qui s'est passé.*

Non non non non non !

PIMPRENELLE

Calme-toi, on ne comprend rien !

LA FÉE, *à Pimprenelle.*

Je vois… Vous dites que Tétabosse a jeté un sort à Ginette et qu'elle ne peut plus parler.

PIMPRENELLE

Sauf pour dire « non ».

LA FÉE

Ce n'est pas si grave que ça! Viens ici, ma petite. *(Ginette s'approche en pleurant toujours.)* Allez, arrête de pleurer, tu vas voir, ça va s'arranger! *(La fée se plonge dans son livre. Tous les autres la regardent.)* Je crois que j'ai trouvé quelque chose. Poussez-vous! *(Elle pousse le roi Calu et les lutins, ferme les yeux, étend les bras devant Ginette et fait son incantation.)*

Par les pouvoirs des éléments
Par les secrets de tous les vents
Que les mots reviennent dans la bouche de cette enfant

(La fée ouvre les yeux et prend un air très fier.)

LA FÉE

Et voilà!

LE ROI CALU

Vous voulez dire qu'elle parle?

LA FÉE

Évidemment!

LE ROI CALU

Ginette, ma chérie, dis-moi quelque chose!

LA PRINCESSE GINETTE, *doit garder un air très sérieux, comme si elle était persuadée de tenir un discours très logique.*

L'éléphant est debout dans un bol!

LE ROI CALU

Comment?

LA PRINCESSE GINETTE

Mais la machine est verte.

LE ROI CALU, *à la fée.*

Elle raconte n'importe quoi!

LA PRINCESSE GINETTE

Le soleil, le rutabaga dort!

LA FÉE

Eh bien, elle parle ! Et puis… c'est drôle ce qu'elle raconte !

LE ROI CALU

Je veux que ma fille redevienne normale, vous entendez, comme avant !

(Il marche de long en large sur scène, furieux.)

PIMPRENELLE ET GUILLEMETTE

La sorcière arrive ! *(Les deux lutins courent se cacher. Entrée de la sorcière Tétabosse.)*

LA SORCIÈRE

Et alors, la fée, qu'est-ce que tu fais ?

LA FÉE

Laisse-moi travailler en paix.

LA SORCIÈRE

Tu es bien trop minable pour combattre les sorts de la grande sorcière Tétabosse.

LA FÉE

La princesse Ginette parle… comme avant. Enfin, presque comme avant.

LA SORCIÈRE

Ah bon ! Tu parles, princesse ?

GINETTE, *faisant oui de la tête.*

Sac à dos.

LA SORCIÈRE

Quoi ?

GINETTE

Piano cartable !

LA SORCIÈRE

Mais elle raconte n'importe quoi ! C'est bien ce que je disais, tu es nulle ! *(Au roi.)* Alors mon petit chéri, on se marie quand, tous les deux ?

LE ROI CALU

Jamais!

(La fée est partie en fond de scène et consulte son livre.)

LA SORCIÈRE

Je t'aime tellement, mon petit roi chéri!

LE ROI CALU

Tu sens mauvais!

LA SORCIÈRE

Mais non, mais non!

LE ROI CALU

Tu pues!

LA SORCIÈRE

Oh, le pauvre petit roi avec sa petite fille qui ne peut plus parler! Quelle tristesse! *(Chantant.)* Je vais devenir la reine. *(La fée revient.)*

LA FÉE

Roi Calu, j'ai trouvé une autre formule.

LE ROI CALU

J'espère que ça va marcher, cette fois.

LA FÉE

Bien sûr que ça va marcher! Poussez-vous. *(Même jeu que pour la première formule.)*

    Pif pof

    Comme avant redevient.

    Pof paf

    Redevient comme avant.

Voilà, c'est fait!

LE ROI CALU

Ginette?

LA PRINCESSE GINETTE

Non.

LE ROI CALU

Tu peux parler… Dis-moi un autre mot que « non ».

LA PRINCESSE GINETTE

Non.

(Tétabosse éclate de rire.)

LE ROI CALU

Eh bien bravo ! Ça, pour redevenir comme avant, c'est réussi. Mais qu'est-ce que c'est que cette fée !?

LA FÉE

Je vais chercher dans d'autres livres et je reviendrai avec la solution.

(Elle sort.)

Scène 4

Personnages : Le Roi Calu - La Sorcière - Guillemette - Pimprenelle - La Princesse Ginette

(Le roi marche de long en large. Au début de la scène, il est furieux ; petit à petit, il se met à pleurer, à s'essuyer les yeux, à se moucher.)

LE ROI CALU

Des incapables, ce sont tous des incapables. Ils ne comprennent rien à rien. Et ma pauvre petite Ginette qui ne peut plus parler…

LA SORCIÈRE

Tu sais ce qu'il te reste à faire…

LE ROI CALU

Beurk !

LA SORCIÈRE

Quand je serai reine, tu ne pourras plus dire « beurk ».

LE ROI CALU

Je ne veux pas être le mari d'une sorcière !

(Jeu entre la sorcière qui essaye d'attraper le roi pour lui faire des bisous et le roi qui se dégage en faisant la grimace. Ginette est assise, l'air triste, un lutin de chaque côté d'elle. Le roi Calu finit par sortir en pleurant et la sorcière éclate de rire. Elle remarque les deux lutins et les prend chacun par une main pour les entraîner devant.)

LA SORCIÈRE

Vous, les lutins, vous allez m'aider.

LES LUTINS

Mais… madame Tétabosse…

LA SORCIÈRE

Taisez-vous! Voulez-vous qu'il vous arrive la même chose qu'à Ginette?

LES LUTINS, *terrorisés.*

Non.

LA SORCIÈRE

Très bien. Je vous charge de décider le roi à m'épouser. Si vous n'y arrivez pas, je vous transformerai en vers de terre.

GUILLEMETTE

Non!

LA SORCIÈRE

Bon, alors, au travail!

PIMPRENELLE

Ce n'est pas bien de faire peur aux gens comme ça!

LA SORCIÈRE, *éclatant de rire.*

Bien sûr que ce n'est pas bien, c'est pour ça que je le fais! Et attention… Si vous désobéissez, je vous transformerai en… souris!

(Elle sort en ricanant.)

(Sur scène, Ginette reste assise, la tête baissée. Les lutins s'asseyent à ses pieds, désespérés.)

Scène 5

Personnages : Le Roi Calu - Le Médecin - La Fée - La Princesse Ginette
(Entrée du roi, du médecin et de la fée. Le roi s'assied.)

LE ROI CALU

Alors, est-ce que vous avez enfin trouvé une solution ?

LE MÉDECIN

Moi, je vous ai déjà répondu. Contre les sorts jetés par une sorcière, je ne peux rien. Tout ce que je peux faire, c'est empoisonner la sorcière.

(Le roi hausse les épaules et se tourne vers la fée.)

LE ROI CALU

Et toi ?

LA FÉE

Je n'ai rien trouvé non plus.

LE ROI CALU

Eh bien, bravo !

LA FÉE

Roi Calu, ce n'est pas si grave que ça ! Vous vous affolez pour rien ! Nous allons bien finir par trouver un remède.

LE ROI CALU

Quand ?

LA FÉE

Peut-être demain, peut-être dans des années, je ne peux pas vous le dire.

(Pimprenelle s'approche du roi.)

PIMPRENELLE

Majesté, je voudrais vous parler.

LE ROI CALU

Tu as une idée ?

PIMPRENELLE

Il faut être raisonnable. Épousez la sorcière Tétabosse.

LE ROI CALU

Tu es folle!

PIMPRENELLE

Je pense que c'est la seule solution. Il faut être raisonnable.

(Le roi baisse la tête sans répondre.)

PIMPRENELLE

Est-ce que vous pouvez imaginer cette pauvre petite Ginette incapable de parler... Comme elle doit souffrir!

LE ROI CALU

Oh oui, j'y pense tout le temps.

PIMPRENELLE

On ne peut pas la laisser comme ça.

LE ROI CALU

Tu as raison, tu as raison, mais quand même, épouser une sorcière...

PIMPRENELLE

Elle est laide, d'accord, mais elle n'est peut-être pas si méchante que ça. Et puis je crois qu'elle est amoureuse de vous. *(Le roi fait une grimace.)* Et puis Ginette a besoin d'une mère.

LE ROI CALU

Pimprenelle, c'est une sorcière!

PIMPRENELLE

C'est mieux que rien. Je suis certaine que, bien habillée, bien coiffée et bien maquillée, on ne verra plus que c'est une sorcière.

LE ROI CALU

Tu crois?

PIMPRENELLE

Je vous dis que j'en suis certaine. *(Silence.)* Majesté, pensez à votre pauvre petite Ginette.

LE ROI CALU

Tu as raison, tu as raison. *(Silence.)* Je vais accepter.

LE MÉDECIN ET LA FÉE, *ensemble.*

Pardon ?

LE ROI CALU

Vous avez bien entendu, j'accepte d'épouser la sorcière Tétabosse. Ce sera la reine, vous vous habituerez.

(Ginette se lève et se plante devant son père. Elle lui tient un long discours menaçant, uniquement avec des « non ». Le médecin et la fée vont discuter entre eux au fond de la scène.)

LE ROI CALU

Ma fille devient folle ! Mais… cela ne me fait pas trop plaisir, cette idée d'épouser Tétabosse. Et toi, Guillemette, qu'est-ce que tu en penses ?

GUILLEMETTE, *baissant la tête.*

Moi, je suis d'accord avec Pimprenelle.

LE ROI CALU

Oui, mais… Que vont dire mes sujets ?

PIMPRENELLE

Vous êtes le roi, vous faites ce que vous voulez !

LE ROI CALU

Tu as raison…

(Le médecin et la fée reviennent.)

LE MÉDECIN

Sire, nous pensons que vous faites une grosse bêtise.

LE ROI CALU

Je suis le roi, je fais ce que je veux.

LA FÉE
> Si vous épousez Tétabosse, nous quitterons le royaume.

LE ROI CALU
> De toute manière, vous n'êtes pas capables de trouver un remède, alors…
>
> *(Le médecin et la fée s'inclinent profondément et sortent. Le roi quitte la scène, suivi par les lutins qui traînent les pieds.)*

Scène 6

Personnages : Pimprenelle - Guillemette - La Sorcière - La Fée - Le Roi Calu - La Princesse Ginette - Le Médecin

(Entrée des deux lutins, l'air très sérieux.)

PIMPRENELLE
> Eh bien, voilà, c'est fait, c'est aujourd'hui que le roi Calu épouse la sorcière Tétabosse.

GUILLEMETTE
> Et Ginette ?

PIMPRENELLE
> Tétabosse lèvera le sort après le mariage. *(Elle va regarder en coulisses.)* Ils arrivent.
>
> *(Les deux lutins vont se mettre dans un coin, toujours très sérieux. Entrée de la sorcière, puis de la fée. La sorcière porte une grande robe de mariée complètement folle et un autre chapeau, posé de travers.)*

LA SORCIÈRE
> Je suis belle ?

PIMPRENELLE
> Attendez, je vais vous arranger un peu.
> *(Pimprenelle remet le chapeau droit.)*

LA SORCIÈRE
> Ce n'est pas parce que je suis une sorcière que je ne dois pas être coquette. *(Au public.)* Vous voyez ce que je vous disais : je vais épouser le roi Calu et je vais être reine. *(Elle va s'asseoir.)*

Alors, il arrive, ce roi ? *(À la fée.)* Toi, la demoiselle d'honneur,
je veux te voir sourire. Allez !

(La fée grimace un sourire forcé.)

LA SORCIÈRE

Cela t'ennuie que je devienne la reine ?

LA FÉE

Énormément !

LA SORCIÈRE

Et cela t'ennuie que je t'ai choisie comme demoiselle d'honneur ?

LA FÉE

Ah oui, alors !

LA SORCIÈRE

Que je suis contente de savoir que je t'embête… Mais je suis
gentille. Quand je serai reine, tu pourras partir vivre où tu
voudras… Alors, il arrive le roi ?
(Pimprenelle va voir dans les coulisses.)

PIMPRENELLE

Il arrive, il arrive…

*(Entrée du roi, suivi par Ginette et le médecin. La sorcière vient prendre le
bras du roi et ils se placent face au public. Ginette se place un pas en arrière
à côté du roi ; la fée, le médecin et les lutins se mettent un peu en retrait.)*

LE ROI CALU, *prenant une profonde inspiration.*

Selon la loi de notre royaume, je déclare prendre la sorcière
Tétabosse pour femme.

LA SORCIÈRE, *toute contente.*

Selon la loi de notre royaume, je déclare prendre le roi Calu
pour mari.

LA FÉE ET LE MÉDECIN, *ensemble, font le tour du couple en criant sans aucune
conviction.*

Ils sont mariés, ils sont mariés, ils sont mariés.

LA SORCIÈRE

Hourra, je suis la reine! Hourra!

(Elle saute de joie sur scène. Tout le monde fait la tête.)

LE ROI CALU

Alors, maintenant, tu vas enlever le sort que tu as jeté à Ginette.

LA SORCIÈRE

Bien sûr. *(Elle attrape Ginette par le bras.)* Viens ici, toi. *(Elle fait des passes magiques.)* Et voilà!

LA PRINCESSE GINETTE

Eh bien, ce n'est pas trop tôt!

LE ROI CALU

Elle parle! Ma chérie, tu parles! *(Il va vers elle en ouvrant les bras.)*

LA PRINCESSE GINETTE

Laissez-moi tranquille. Vous êtes malade d'avoir épousé Téta-bosse! Je ne veux plus jamais vous voir. Je vais me marier avec le prince de Tournebroche et il vous fera la guerre. Et il vous tuera tous.

LE ROI CALU

Ginette!

LA PRINCESSE GINETTE

Il vous découpera en rondelles.

LE ROI CALU

Ma chérie!

LA PRINCESSE GINETTE

Il vous arrosera avec de l'huile bouillante.

LE ROI CALU

Ma fille!

LA PRINCESSE GINETTE

Et je serai bien contente.

(Elle sort.)

LE ROI CALU

Je ne veux pas faire la guerre.

(Le médecin, les fées et les lutins s'approchent.)

LE MÉDECIN

Nous aussi, nous partons avec elle. Vous êtes trop bête.

(Ils sortent. Le roi s'assied en pleurant.)

LA SORCIÈRE

Bon débarras ! Je suis la reine et tous ces idiots sont partis. *(Le roi pleure bruyamment.)* Oh ! il m'énerve celui-là à pleurer tout le temps comme ça ! Et si je le transformais en crapaud ? *(Elle réfléchit.)* Non, pas en crapaud… En rat ! *(Le roi lève la tête.)* Non, pas en rat, on en a trop dans ce palais. *(Elle réfléchit.)* En limace ! *(Le roi se lève et cherche à partir sans faire de bruit.)* En limace, bonne idée. *(Elle se retourne et aperçoit le roi qui prend la poudre d'escampette.)* Eh, viens ici ! Mais… viens ici ! Eh… eh ! *(Elle lui court après.)* Mais… eh ! reste donc là !

(Le roi sort en courant, poursuivi par la sorcière.)

RIDEAU

11 acteurs
30 minutes
CE2

Le Fantôme de la demoiselle

par
Vannina Laugier

Présentation de la pièce

Amélie et Germaine, deux vieilles dames, souhaitent vendre la maison familiale. Malheureusement, celle-ci est hantée par le fantôme de leur jeune sœur, qui n'a pas du tout l'intention de les laisser faire !

Ce sympathique revenant va s'employer à décourager les éventuels acheteurs. Même l'inspecteur Charly ne pourra s'y opposer…

Remarque

Cette pièce est relativement longue. Les comédiens devront travailler leur rôle pendant plusieurs semaines, voire plusieurs mois. Un effort devra également être fait pour les décors et les costumes.

Liste des personnages

- Amélie
- Germaine
- Le Fantôme
- L'Inspecteur Charly
- L'Agent immobilier
- L'Homme d'affaires
- Le Grand Gourou
- Les Disciples (quatre ou plus)

Uniquement des rôles d'adultes.

Les personnages ne doivent pas voir le fantôme (travail théâtral du regard).

Décors

La pièce se déroule entièrement dans le salon-bibliothèque de la maison. On pourra donc créer un fond peint évoquant un intérieur de style « manoir ». Certains meubles seront nécessaires :

– une bibliothèque (ou du moins quelques étagères garnies de livres) s'intégrera à ce décor ;
– une table (ronde et en bois, si possible) ;
– un fauteuil ;
– un canapé.

Costumes

Les deux vieilles dames seront costumées (vêtements sombres de vieilles dames, cannes).

Le fantôme sera habillé de préférence en blanc (vêtements collants ou longue robe flottante).

L'inspecteur Charly sera un inspecteur très classique, avec une veste (ou un manteau, un imperméable…) et un chapeau (très important car manipulé par le fantôme).

L'agent immobilier et l'homme d'affaires seront «classiques».

Le grand gourou et ses disciples auront une tenue traditionnelle (longue tunique et sandales) ou complètement farfelue (moine futuriste par exemple).

Accessoires

– un jeu de cartes ;
– une vieille poupée ;
– quelques livres ;
– une corde assez longue et bien visible (corde à grimper que l'on utilise en éducation physique par exemple) ;
– un bloc-notes et un feutre (pour que le fantôme puisse y inscrire son nom, fin de la scène 6) ;
– un cigare (ou un gros feutre marron que l'enfant tiendra comme un cigare).

Scène 1

Personnages : Amélie - Germaine

(Entrée d'Amélie. Elle se dirige vers la table où est étalé un jeu de cartes.)

AMÉLIE

Germaine, tu as fait une réussite ?

(Entrée de Germaine.)

GERMAINE

Non.

AMÉLIE

Quand même, tu pourrais ranger les cartes !

GERMAINE

Mais puisque je te dis que ce n'est pas moi !

AMÉLIE

Et ce n'est pas moi non plus !

(Elles restent immobiles un moment toutes les deux. Amélie regarde dans un coin et va chercher une vieille poupée.)

AMÉLIE

Tu as descendu les vieilles poupées du grenier ?

GERMAINE

Les poupées de Mélanie… *(Elle soupire en prenant la poupée.)* Notre pauvre petite Mélanie… Tu sais bien que je n'aurais jamais fait une chose pareille !

AMÉLIE

Oui, mais je voudrais bien savoir qui a descendu ces poupées, tout de même !

GERMAINE

Moi, depuis trente ans, je ne suis pas montée au grenier !

(Germaine va s'asseoir et prend un livre pendant qu'Amélie range les cartes. Entrée du fantôme. Le Fantôme choisit un livre dans la bibliothèque et le laisse tomber. Les deux vieilles dames lèvent la tête.)

AMÉLIE

Ce que tu es maladroite !

(Elle va ramasser le livre pour le remettre à sa place.)

GERMAINE

Mais je n'ai rien fait ! *(Silence.)* Écoute, il se passe de drôles de choses dans cette maison, tu ne trouves pas ?
(Le Fantôme fait énergiquement « oui » de la tête.)

AMÉLIE

Mais non, on vieillit, c'est tout !

(Geste désolé du Fantôme. Germaine reprend son livre et Amélie pose le jeu de cartes sur la table. Elle va vers le fond de la scène en cherchant quelque chose sur les meubles.)

AMÉLIE

Tu ne sais pas où se trouve la boîte pour ranger les cartes ?

GERMAINE

Non.

(Le Fantôme s'approche de la table et éparpille le jeu de cartes. Amélie se retourne.)

AMÉLIE

Oh, tu pourrais faire attention !

GERMAINE

Quoi?

AMÉLIE

Regarde ce que tu as fait aux cartes.

GERMAINE

Je ne me suis pas levée.

AMÉLIE

Tu deviens complètement folle!

GERMAINE

Mais je ne me suis pas levée!

AMÉLIE

Viens m'aider à ranger.

(Les deux vieilles dames ramassent les cartes qui jonchent le sol.)

GERMAINE

Oh, mon dos!

(Le Fantôme prend tous les livres de la bibliothèque et commence à en faire des piles.)

GERMAINE

Amélie... Regarde!

AMÉLIE

Oh! Mon Dieu!... Qu'est-ce que c'est?

(Le Fantôme continue à faire des piles avec les livres. Puis il en prend un qu'il promène sous les yeux des deux vieilles dames complètement terrorisées.)

AMÉLIE

Le livre... Le livre...

(Germaine pousse un cri et s'évanouit. Le Fantôme hausse les épaules et retourne vers les livres. Il les range pendant qu'Amélie secoue sa sœur.)

AMÉLIE, *hystérique.*

Germaine, Germaine, réveille-toi! Réveille-toi!

GERMAINE

Oui...

(Le Fantôme s'est arrêté. Germaine se lève lentement, soutenue par sa sœur.)

GERMAINE

Amélie, j'ai peur.

AMÉLIE, *inquiète.*

Mais non, mais non.

GERMAINE

Mais tu as bien vu… Les livres… Il faut prévenir la police ! Je t'en supplie, préviens la police.

AMÉLIE

Bon, si cela peut te rassurer…

(Elles sortent.)

LE FANTÔME, *soupirant.*

Eh bien, elles sont belles mes sœurs ! Amélie toujours aussi casse-pieds et Germaine toujours aussi froussarde ! Déjà, lorsque j'étais encore en vie, elles étaient comme ça. *(Le Fantôme s'assied dans un fauteuil.)* Vous savez, cela ne fait pas longtemps que je hante la maison. Avant, je restais au grenier et je descendais juste de temps en temps. Mais maintenant, je m'ennuie au grenier. Et puis… je m'ennuie ici aussi. Ce n'est vraiment pas drôle d'être un fantôme.

(Il reste silencieux, l'air renfrogné, dans son fauteuil. Diminution des lumières. Noir complet puis augmentation des lumières.)

Scène 2

Personnages : L'Inspecteur Charly - Amélie - Le Fantôme - Germaine
(Entrée de l'Inspecteur Charly accompagné d'Amélie.)

AMÉLIE

Voilà, c'est ici, dans le salon.

(L'Inspecteur se promène dans le salon.)

L'INSPECTEUR CHARLY

Alors, que s'est-il passé ?

AMÉLIE

Oh! là, là! Des choses bizarres comme je vous ai dit. Les livres, là-bas… Ils se sont envolés!

(L'Inspecteur va vers la bibliothèque et prend un livre.)

L'INSPECTEUR CHARLY

Ils ont pourtant l'air normaux, ces livres.

AMÉLIE

Je vous assure qu'ils se sont envolés!

L'INSPECTEUR CHARLY

Je vous crois, je vous crois.

(Silence. L'inspecteur soupèse les livres avec un air dubitatif. Amélie regarde de droite à gauche avec crainte.)

AMÉLIE

Vous croyez… que cela pourrait… être un fantôme?

L'INSPECTEUR CHARLY

Ça n'existe pas, les fantômes! *(Le Fantôme se lève d'un bond.)*

LE FANTÔME

Comment ça, ça n'existe pas? Et moi, alors!

L'INSPECTEUR CHARLY, *à Amélie.*

Il y a une explication logique à tout cela.

LE FANTÔME

Ben, voyons!

L'INSPECTEUR CHARLY

Et nous allons la trouver.

LE FANTÔME

Pauvre andouille!

(Le Fantôme fait tomber le chapeau de l'inspecteur. L'inspecteur le ramasse en continuant à parler. Amélie le regarde, étonnée.)

L'INSPECTEUR CHARLY

Ne vous inquiétez surtout pas!

(Le Fantôme déboutonne la veste de l'inspecteur qui se rhabille en continuant à parler.)

L'INSPECTEUR CHARLY
> On essaye de vous faire peur, c'est tout.

AMÉLIE
> Vous avez trop chaud?

L'INSPECTEUR CHARLY
> Non, non!

AMÉLIE, *regarde l'Inspecteur, de plus en plus étonnée.*
> Vous êtes certain que ça va bien?

L'INSPECTEUR CHARLY
> Oui, oui. Je vais commencer mon enquête. Vous voulez bien me montrer les autres pièces?

AMÉLIE
> Bien sûr, venez!

> *(Ils sortent. Le Fantôme reste seul sur scène.)*

LE FANTÔME
> J'en ai marre, j'en ai marre, personne ne fait attention à moi dans cette maison! *(Il marche de long en large, très énervé.)*… Une explication logique… N'importe quoi!

> *(Entrée de Germaine.)*

LE FANTÔME
> Ouh ouh, grande sœur!

> *(Germaine ne le voit pas et ne l'entend pas. Elle retourne s'asseoir dans son fauteuil et reprend son livre.)*

LE FANTÔME
> Germaine!

> *(Le Fantôme tourne autour du fauteuil en faisant de grands signes.)*

LE FANTÔME
> Eh, oh! Germaine, tu m'écoutes! *(Hurlant.)* Oh, mais ça ne va pas se passer comme ça!

> *(Il sort. Germaine continue sa lecture.)*

Scène 3

Personnages : Amélie - Germaine - L'Inspecteur Charly - Le Fantôme

(Retour d'Amélie et de l'inspecteur.)

AMÉLIE, *à Germaine.*

Voilà, j'ai fait visiter la maison à l'inspecteur. *(À l'inspecteur.)* Vous comprenez, inspecteur, il faudrait que cela s'arrête parce que... nous avons mis la maison en vente.

GERMAINE

Oui, des gens doivent venir aujourd'hui la visiter.

AMÉLIE

Et s'il se passe des choses bizarres, enfin, quoi... vous comprenez ?

L'INSPECTEUR CHARLY

Je comprends, je comprends.

GERMAINE

Vous avez une idée ?

L'INSPECTEUR CHARLY

Euh... Non, pas du tout...

AMÉLIE

Moi, je dis que c'est peut-être le fantôme de notre petite sœur Mélanie. *(L'Inspecteur lève les yeux au ciel.)* Elle adorait faire des farces... Elle est morte en 1930 d'une indigestion de chocolat.

L'INSPECTEUR CHARLY, *énervé.*

C'est une belle mort !

AMÉLIE

Oh, oui ! *(Silence.)*

GERMAINE

Vous restez déjeuner ?

AMÉLIE

Comme ça, vous verrez les gens qui veulent visiter la maison. Ils ne devraient pas tarder.

L'Inspecteur Charly

Non, non, merci. Je reviendrai tout à l'heure. Il faut que je passe à mon bureau.

(Il sort.)

Germaine

Amélie, le monsieur de l'agence a téléphoné ce matin. Deux personnes viennent visiter la maison aujourd'hui : un homme d'affaires et un autre qui a un nom compliqué.

Amélie

C'est bien.

(Germaine ferme son livre.)

Germaine

Tu m'accompagnes, il faut que j'aille à la poste. *(Elle se lève péniblement.)*

(Entrée du Fantôme qui la regarde, apitoyé.)

Le Fantôme

Eh bien! je suis contente d'être morte petite.

Amélie

Il ne faudra pas trop traîner!

Germaine

Ne t'inquiète pas, j'ai donné les clefs de la maison au monsieur de l'agence.

Amélie

Pourvu qu'on arrive à la vendre, cette baraque! *(Elles sortent.)*

Le Fantôme

Quoi, j'ai bien entendu!? Elles veulent vendre la maison!? Elles sont folles! Où vais-je aller, moi?

(Le Fantôme se rassied dans le fauteuil, morose.)

Scène 4

Personnages : L'Agent immobilier - Le Fantôme - L'Homme d'affaires
- L'Inspecteur Charly - Amélie - Germaine

*(Entrée de l'Agent immobilier et de l'Homme d'affaires.
L'Homme d'affaires fume un énorme cigare.)*

L'AGENT IMMOBILIER

Voilà le salon… Les propriétaires ont dû sortir.

LE FANTÔME

Bien sûr qu'elles sont sorties puisqu'elles ne sont pas là, débile !

(L'Homme d'affaires se promène en regardant tous les objets, l'air méprisant. Il essaie de s'asseoir sur le fauteuil mais le Fantôme le pince. L'Homme d'affaires pousse un hurlement et regarde le fauteuil sans comprendre.)

L'HOMME D'AFFAIRES

Il y a quelque chose… là ! *(Il s'approche du fauteuil et le regarde.)*

L'AGENT IMMOBILIER

Mais non, il n'y a rien !

L'HOMME D'AFFAIRES

Quelque chose m'a pincé !

L'AGENT IMMOBILIER

Mais non, mais non… *(Le Fantôme se lève en riant.)*

LE FANTÔME

Mais si, mais si !

L'AGENT IMMOBILIER

Regardez, je m'assieds sans aucun problème.

(Il se lève et invite l'Homme d'affaires à s'asseoir. Celui-ci s'approche lentement puis s'assied avec crainte. Voyant que rien ne se passe, il reprend l'air arrogant qu'il avait au début.)

L'AGENT IMMOBILIER

Je vous disais qu'il y a deux grandes pièces au rez-de-chaussée et quatre chambres à l'étage, plus un grand grenier.

(Le Fantôme s'approche de l'Homme d'affaires et lui prend doucement son cigare pendant que l'agent immobilier continue.)

L'Agent immobilier

Le grenier est aménageable…

L'Homme d'affaires

Mon cigare!

L'Agent immobilier

Pardon?

L'Homme d'affaires

Mon cigare… il flotte. *(Le Fantôme laisse tomber le cigare.)*

L'Agent immobilier

Eh bien quoi votre cigare, il est tombé! *(L'Homme d'affaires reste pétrifié.)*

L'Agent immobilier

Ramassez-le, vous allez brûler le sol!

(L'Homme d'affaires ne bouge pas. L'Agent immobilier va ramasser le cigare et le lui rend, puis il retourne à ses papiers.)

L'Agent immobilier

Donc le grenier est aménageable.

(Le Fantôme passe derrière le fauteuil et commence à chatouiller l'Homme d'affaires.)

L'Homme d'affaires

Arrêtez!

(L'Agent immobilier lève la tête.)

L'Agent immobilier

Pourquoi? Vous n'aimez pas le greniers?

L'Homme d'affaires, *regardant derrière lui.*

Si, si, continuez!

(L'Agent immobilier hausse les épaules et continue.)

L'Agent immobilier

Bien sûr, de nombreux travaux restent à faire dans le grenier.

(Le Fantôme chatouille à nouveau l'Homme d'affaires.)

L'HOMME D'AFFAIRES
Arrêtez!

L'AGENT IMMOBILIER, *explosant.*
Il faudrait savoir ce que vous voulez, à la fin!

L'HOMME D'AFFAIRES
Je ne sais pas, il y a quelque chose… *(Il regarde autour de lui.)*…
quelque chose qui me chatouille.

L'AGENT IMMOBILIER
Quelque chose qui vous chatouille?

L'HOMME D'AFFAIRES
Oui, quelque chose qui me chatouille.

L'AGENT IMMOBILIER
Ça va?

L'HOMME D'AFFAIRES
Je ne sais pas.

L'AGENT IMMOBILIER
Bon, alors cette maison, elle vous plaît?

L'HOMME D'AFFAIRES
Je ne sais pas. *(Il regarde autour de lui.)*

L'AGENT IMMOBILIER
Il faudrait savoir, vous n'êtes pas le seul sur l'affaire. J'ai un
autre rendez-vous dans une demi-heure!
(Entrée de l'Inspecteur Charly.)

L'HOMME D'AFFAIRES, *se levant brusquement.*
Monsieur, vous êtes le propriétaire?

L'INSPECTEUR CHARLY
Euh… non!

L'HOMME D'AFFAIRES
Écoutez, il se passe des choses bizarres dans cette maison.
Lui, il ne veut pas me croire. Les choses s'envolent.

L'Inspecteur Charly

    Oui, on me l'a déjà dit !

L'Homme d'affaires

    Ah, bon. *(Réfléchissant.)* C'est normal, alors ?

L'Inspecteur Charly

    Les propriétaires pensent que c'est un fantôme…

L'Homme d'affaires

    Un fantôme ! *(À l'agent immobilier.)* Et vous voulez que j'achète une maison hantée ?! Jamais !

    (Il sort.)

L'Agent immobilier, *en colère.*

    Qu'est-ce que c'est que cette histoire ? Vous ne pouviez pas vous taire ? Je dois revenir avec d'autres clients. Si vous parlez de fantôme, je vous étrangle.

    (Il sort.)

Le Fantôme

    Coucou, Charly ! Alors, ton enquête, ça avance ?

    (Il enlève le chapeau de l'Inspecteur et le pose sur sa tête. L'Inspecteur regarde le chapeau s'envoler et se promener dans les airs.)

L'Inspecteur Charly

    C'est pourtant vrai qu'il y a des choses qui volent dans cette maison ! *(Le Fantôme pose doucement le chapeau sur la table.)* Ah ! … C'est simplement un courant d'air.

Le Fantôme, *en colère.*

    Un courant d'air ? Tu vas voir si c'est un courant d'air !

    (Le Fantôme reprend le chapeau et le promène dans la pièce pendant que l'Inspecteur Charly lui court après.)

L'Inspecteur Charly

    Chapeau, reviens ici tout de suite !

    (Entrée des deux sœurs.)

Amélie

    Inspecteur, qu'est-ce que vous faites ?

    (Le Fantôme laisse tomber le chapeau.)

L'INSPECTEUR CHARLY, *gêné.*

Je courais après mon chapeau.*(Il reprend le chapeau et le remet sur sa tête. Le Fantôme va s'asseoir sur le fauteuil.)* Il y a eu une visite pour la maison. Le type avait l'air inquiet. Il a vu des choses qui volaient.

GERMAINE

C'est Mélanie qui ne veut pas que l'on vende la maison.

L'INSPECTEUR CHARLY

L'agent immobilier doit revenir avec d'autres clients.

AMÉLIE

On va les attendre, alors.

LE FANTÔME

C'est ça, attendons.

(Les deux sœurs s'asseyent sur le canapé, l'Inspecteur s'appuie contre la table et le Fantôme reste dans son fauteuil en chantonnant – sur l'air de : « Il était un petit navire… ».)

> *Il était un petit fantôme,*
> *Il était un petit fantôme,*
> *Qui ne voulait pas dé-deménager,*
> *Qui ne voulait pas dé-déménager, ohé, ohé !*

Scène 5

Personnages : L'Agent immobilier - L'Inspecteur Charly - Germaine - Amélie - Le Grand Gourou - Le Fantôme - Les Disciples

(Entrée de l'Agent immobilier.)

L'AGENT IMMOBILIER, *il sursaute en voyant l'inspecteur puis s'adresse à Germaine et Amélie.*

Mesdemoiselles, vous allez avoir des visiteurs pour la maison.

L'INSPECTEUR CHARLY

Et le monsieur de ce matin ?

L'Agent immobilier, *en colère.*
> À cause de vous, il est parti voir un psychiatre. *(Aux sœurs.)* Ce prestidigitateur a fait fuir un client sérieux.

Amélie
> Il n'est pas prestidigitateur, il est inspecteur de police!

L'Agent immobilier
> Inspecteur de police? *(À l'Inspecteur.)* Surtout, ne dites rien, pas un mot. *(Il va voir en coulisses puis revient.)* Pas un mot, je les entends arriver.
>
> *(Entrée de la secte. Le Grand Gourou marche en tête suivi des disciples. En silence, les disciples se mettent en demi-cercle.)*

Amélie
> Qu'est-ce que c'est que ça? *(Elle se lève et s'approche du Grand Gourou en lui tendant la main.)* Bonjour…
>
> *(Le Grand Gourou la salue profondément à l'indienne. Amélie, gênée, se rapproche de sa sœur.)*

Le Grand Gourou
> Nous avons appris que des forces spirituelles vivaient dans cette maison.

Le Fantôme, *joyeux.*
> C'est moi, c'est moi.

Les Disciples, *en chœur.*
> Oui, Grand Gourou.

Le Fantôme
> Mais je vous dis que c'est moi, la force spirituelle!

Le Grand Gourou
> Notre école de pensée va s'installer dans cette maison pour en capter l'énergie!

Le Fantôme
> Je refuse qu'on me capte.

Les Disciples
> Oui, Grand Gourou.

(Les disciples s'asseyent en tailleur par terre. Le Grand Gourou reste debout et s'adresse aux sœurs, à l'Agent immobilier. L'Inspecteur Charly est adossé au fond de la scène, un peu caché. Alors que tout le monde va sortir, il va être le seul à rester là, en retrait.)

LE GRAND GOUROU

Nous avons besoin de discuter entre nous pour savoir si la maison nous convient. Pouvez-vous nous laisser seuls ?

L'AGENT IMMOBILIER

Bien sûr, bien sûr ! *(Aux sœurs.)* Venez. *(Il les emmène en coulisses.)*

(Le Grand Gourou s'installe sur le canapé, puis il s'adresse aux disciples.)

LE GRAND GOUROU

Alors ?

(Les disciples se détendent et parlent normalement.)

DISCIPLE 1

Ça va, la maison est assez grande.

DISCIPLE 2

Moi, je trouve qu'elle est un peu chère.

DISCIPLE 3

Attendez, il paraît qu'elle est hantée. Ça peux faire baisser le prix. Ce serait bien.

(Le Fantôme commence à taper sur la table.)

DISCIPLE 1

Qu'est-ce que c'est que ce bruit ? *(Il regarde de tous les côtés.)*

DISCIPLE 4

Ce n'est rien !

(Le Disciple 4 se lève et va regarder la bibliothèque. Le Fantôme lui donne un grand coup sur l'épaule.)

DISCIPLE 4, *au Disciple 2.*

Tu pourrais faire attention, quand même !

DISCIPLE 2

Mais je n'ai rien fait !

(Le Fantôme recommence à taper, puis de plus en plus fort et de plus en plus vite.)

DISCIPLE 1

On dirait que quelqu'un joue du tam-tam.

LE GRAND GOUROU

C'est le voisin.

DISCIPLE 1

Mais… Grand Gourou, il n'y a pas de voisins !

(Les disciples et le Grand Gourou s'immobilisent et regardent de tous côtés, un peu inquiets. Il se regroupent tous au centre de la scène. Le Fantôme continue à taper de plus en plus fort… puis s'arrête brusquement.)

DISCIPLE 3

Et si elle était vraiment hantée, cette maison ?

DISCIPLE 2, *pas du tout sûr de ce qu'il prétend.*

Ça n'existe pas les fantômes, tu sais bien !

LE GRAND GOUROU, *s'avançant et reprenant un petit peu de dignité.*

Bon, ça suffit maintenant. Les propriétaires vont revenir, qu'est-ce qu'on leur dit ?

(Les disciples se regardent entre eux, tour à tour. Pendant ce temps, le Fantôme tire une corde cachée sous le fauteuil et commence à l'enrouler autour du Grand Gourou qui ne s'en rend pas compte. Les disciples montrent le Grand Gourou du doigt, l'air complètement affolé.)

LE GRAND GOUROU

Qu'est-ce que vous avez ?

DISCIPLE 2

La corde… La corde… Le fantôme…

DISCIPLE 3

Il vous attache…

(Les disciples se serrent les uns contre les autres, paniqués. Le Grand Gourou regarde la corde d'un air ahuri mais avant qu'il n'ait réagi, le Fantôme a déjà fini son nœud !)

LE FANTÔME

Et voilà le travail !

LE GRAND GOUROU

Détachez-moi !

(Deux disciples s'approchent craintivement et commencent à le détacher. Le Fantôme leur donne des coups sur l'épaule. Les deux disciples sursautent et s'immobilisent, l'air effrayé.)

DISCIPLE 2

Grand Gourou, il nous frappe!

LE GRAND GOUROU, *criant.*

Détachez-moi!

(Le Fantôme est allé prendre le chapeau de l'Inspecteur et le pose sur la tête du Grand Gourou. Les disciples affolés se cachent derrière le canapé.)

LE GRAND GOUROU

Détachez-moi!

(Le Fantôme enfonce le chapeau sur la tête du Grand Gourou.)

LE GRAND GOUROU

Je n'y vois plus rien!

(L'Inspecteur Charly s'approche et récupère son chapeau qu'il remet sur sa tête.)

LE GRAND GOUROU

Merci, merci monsieur. Vous pouvez me détacher, s'il vous plaît?

(L'Inspecteur regarde autour de lui.)

L'INSPECTEUR CHARLY

J'ai tout vu. Comment faites-vous ça?

LE GRAND GOUROU

Comment je fais quoi?

L'INSPECTEUR CHARLY

La corde… Le truc de la corde qui bouge toute seule… C'est génial! Vous travaillez dans un cirque?

LE GRAND GOUROU

Mais je n'ai rien fait!

L'INSPECTEUR CHARLY

Je vous assure, c'est vraiment bien. On y croit. Bravo!

(Le Disciple 1 sort timidement de derrière le canapé pendant que les têtes des autres apparaissent au-dessus du dossier.)

DISCIPLE 1, *au Grand Gourou.*
> Alors, la corde, c'était vous ?

LE GRAND GOUROU, *au bord des larmes.*
> Je n'ai rien fait. La corde est venue toute seule. Je vous en prie, détachez-moi.

DISCIPLE 1, *admiratif.*
> Vous avez vraiment des pouvoirs surnaturels !

LE GRAND GOUROU
> Je n'ai pas de pouvoirs surnaturels ! Détachez-moi !

DISCIPLE 1
> Gloire et longue vie à notre maître, le Grand Gourou !
>
> *(Les disciples sortent de derrière le canapé.)*

TOUS LES DISCIPLES, *ensemble.*
> Gloire et longue vie à notre maître, le Grand Gourou.

LE GRAND GOUROU
> Détachez-moi !

DISCIPLE 2
> Concentrons-nous sur sa puissance !
>
> *(Les disciples ferment les yeux et se taisent.)*

LE GRAND GOUROU
> Arrêtez vos idioties et détachez-moi !
>
> *(Les disciples ne bougent pas.)*

LE GRAND GOUROU
> Ce n'est pas possible d'être aussi stupides !

L'INSPECTEUR CHARLY, *curieux.*
> Qu'est-ce qu'ils font au juste, vos amis ?

LE GRAND GOUROU
> Non, non, rien, c'est un jeu !

L'INSPECTEUR CHARLY, *s'approchant des disciples.*
> Sympa, les costumes. *(Retournant vers le Grand Gourou.)* Pas mal la mise en scène, pas mal du tout.

LE GRAND GOUROU

Je vous en supplie, je commence à avoir des crampes.

L'INSPECTEUR CHARLY

Vous devriez vous détacher vous-même. Ce serait plus spectaculaire!

LE GRAND GOUROU

Je n'y arrive pas.

L'INSPECTEUR CHARLY

Allez, entraînez-vous, je vous regarde!

(L'Inspecteur va s'asseoir dans le fauteuil.)

L'INSPECTEUR CHARLY

Allez, un petit effort.

LE GRAND GOUROU, *pleurant presque.*

J'en ai marre, je suis fatigué. *(Il sanglote.)*

Scène 6

Personnages : L'Agent immobilier - L'Inspecteur Charly - Amélie - Germaine - Le Grand Gourou - Le Fantôme - Les Disciples

(Retour de l'Agent immobilier et des deux sœurs. Les disciples sont debout, les yeux fermés. Le Grand Gourou sanglote nerveusement, toujours attaché et l'Inspecteur le regarde, assis dans son fauteuil. L'Agent immobilier reste au fond de la scène, l'air très étonné, tandis que les deux sœurs approchent. Elles regardent la scène sans comprendre.)

AMÉLIE, *aux disciples.*

Qu'est-ce que vous faites ?

GERMAINE, *au Grand Gourou.*

Pourquoi êtes-vous attaché ?

L'INSPECTEUR CHARLY

Non, ce n'est rien, c'est un numéro de cirque. Mais ce n'est pas encore au point. Il n'arrive pas à se détacher.

AMÉLIE

Et… ils travaillent leur numéro ici? Je croyais qu'ils devaient visiter la maison.

GERMAINE

Attendez, je vais vous détacher.

(Elle s'approche du Grand Gourou et le détache.)

LE GRAND GOUROU

Oh! merci, merci madame.

GERMAINE

Alors, la maison, elle vous plaît?

LE GRAND GOUROU, *regardant autour de lui, très inquiet.*

Elle est trop grande et trop… Je dois m'en aller. La maison ne me plaît pas du tout!

GERMAINE

Et vos amis? Vous les laissez là?

LE GRAND GOUROU

Oui, oui…

(Il sort précipitamment. Le Disciple 3 ouvre les yeux.)

DISCIPLE 3

Le Grand Gourou s'est détaché. Gloire au Grand Gourou!

(Les autres ouvrent les yeux.)

L'INSPECTEUR CHARLY

Votre ami est parti. Dépêchez-vous si vous voulez le rattraper.

(Les disciples saluent profondément et sortent dignement en file indienne. Le Fantôme, lui, est au fond de la scène, à côté de l'Agent immobilier.)

AMÉLIE, *à l'Agent immobilier.*

Venez un peu ici, jeune homme, j'ai à vous parler. *(Il s'avance, l'air mal à l'aise.)* Vous êtes là pour faire visiter la maison, pas pour y installer un cirque!

L'AGENT IMMOBILIER

Mais madame…

AMÉLIE

Qu'est-ce que c'est que ces gens qui s'attachent dans le salon?

GERMAINE

Et qui ne sont même pas polis!

AMÉLIE

Si c'est pour nous ramener des fous, ce n'est pas la peine de revenir. Maintenant, laissez-nous tranquilles. Au revoir monsieur!

GERMAINE

Au revoir monsieur.

L'AGENT IMMOBILIER

Bon, ben… Au revoir. Je vous téléphone si j'ai de nouveaux clients?

AMÉLIE

C'est ça.

(Il sort.)

GERMAINE, *à l'Inspecteur.*

Quand même, c'est vrai qu'il se passe des choses bizarres dans cette maison.

L'INSPECTEUR CHARLY

Si vous aviez vu ce numéro, c'était spectaculaire. La corde est sortie toute seule de dessous le fauteuil, elle s'est mise à s'enrouler autour de lui et à la fin, le nœud s'est fait tout seul. Et ses amis faisaient semblant d'avoir peur. Vraiment impressionnant!

(Amélie et Germaine le regardent longuement.)

AMÉLIE

Inspecteur, vous ne pensez toujours pas que cela pourrait être un fantôme?

GERMAINE

Le fantôme de notre petite Mélanie.

L'INSPECTEUR CHARLY
>Qui est-ce, Mélanie?

AMÉLIE
>Notre petite sœur qui est morte en 1930…

GERMAINE
>… d'une indigestion de chocolat.

LE FANTÔME
>Enfin, elles ont compris.

L'INSPECTEUR CHARLY
>Mais non, c'est impossible!

AMÉLIE
>Et les livres qui s'envolent?

GERMAINE
>Et votre chapeau qui se promène?

AMÉLIE
>Et les cartes qui jouent toutes seules? *(Silence.)* Tu sais, Germaine, je crois qu'il ne faut pas vendre la maison.

LE FANTÔME
>Youpi!
>
>*(Il saute de joie en faisant tomber tout un tas de choses.)*

AMÉLIE
>Eh bien, je crois que Mélanie est contente.

LE FANTÔME
>On reste ici, on reste ici!

GERMAINE
>Eh bien, c'est une bonne décision. Au revoir, inspecteur!

AMÉLIE
>Au revoir inspecteur.
>
>*(Elles sortent. L'Inspecteur reste sur scène, l'air abasourdi.)*

L'Inspecteur Charly

Deux vieilles folles qui croient aux fantômes! Qu'est-ce que je vais dire au chef?

Le Fantôme

Tu n'as qu'à lui dire la vérité!

L'Inspecteur Charly

Comment?
(Il cherche autour de lui d'où vient la voix.)

Le Fantôme

Ce n'est pas possible, il m'entend! Youpi, je vais pouvoir parler aux gens! Je vais pouvoir jouer avec eux! Je suis devenu un super fantôme!

L'Inspecteur Charly

Mais qui est là?

Le Fantôme

C'est moi, c'est Mélanie!

L'Inspecteur Charly, *rassuré.*

Ah! c'est vous, madame Amélie!

Le Fantôme, *criant.*

Non, c'est Mélanie. *(Le Fantôme va chercher un bloc dans la bibliothèque, écrit son nom dessus et le tend à l'inspecteur.)*

L'Inspecteur Charly

Mélanie! Le fantôme...

(L'Inspecteur part en courant.)

Le Fantôme

Qu'est-ce qu'il lui prend, à cet inspecteur? Vous croyez qu'il a peur des fantômes? Inspecteur... Inspecteur...

(Elle sort en appelant l'Inspecteur.)

RIDEAU

Achevé d'imprimer en France en mars 2007
sur les presses de l'Imprimerie France Quercy - 46090 Mercuès
N° de projet : 101 !0856
N° d'éditeur : 803
N° d'impression : 70250 FF
Conception : Studio Primart
Illustrations : François San Millan
Coordination éditoriale : Valérie Blondel